KIGAKU NINE GIRLS

氣学9ガールズ® と学ぶ
KIGAKU・NINE・GIRLS

いちばんたのしい
九星気学

九星氣学カウンセラー
Chie

Clover
クローバー出版

氣学9ガールズ と学ぶ

いちばんたのしい
九星気学

はじめに
この本を手にしてくださったあなたへ

まず、お伝えしたいことがあります。

それは……「人生はいつでも変わるし、変えられるんだ！」
ということ。

人はいつからでも変わることができます。
そこに努力は必要ありません。

「どうやったらもっと幸せになれるんだろう？」
「このままの自分ではダメだ！　変わりたい！」

あなたは今、こんな風に、頑張っているのではないでしょうか？

それでも、何をやっても変わらない、人生は変えられないと、
自信を失い諦めかけたこともあるのではないでしょうか？

そんなあなたに、まず伝えたい。
そんなあなたに、知ってほしい。

「人生は変わるし、変えられるんです！」

人生が変わるきっかけは意外と単純だった！

初めて会った方からはよく、「なぜ、Chie さんは九星氣学を学ぼうと思ったのですか？」と聞かれます。

私はこの質問の返答にいつも困ってしまいます……。なぜなら、特に理由がないからです。
何か衝撃的な出来事があって、学び始めたわけでもなく、自分から探し求めていたわけでもありません。

ただ、九星氣学をシンプルに「面白い」と思ったからです。

今思えば、この「面白い」と感じた九星氣学との出会いによって、私の人生は大きくシフトチェンジしていったと思います。

この「面白い」が、私の探求心に火をつけ人生を大きく変えてくれました。

ね、単純でしょう？

変わるために大切なことは、頭で考えて努力することではなく、「面白い！」「楽しい！」「嬉しい！」と、感じることと、ちょっとした探求心だと思うんです。

あなたは、最近「面白い」と思う出会いはありましたか？

「面白い」と思うことに出会ったとき、すでにあなたの人生は
変わり始めているはずです。

九星氣学風水が、「私の変化」を加速させた！

九星氣学風水に出会い、学び始めてから私はどんどん変わっ
ていきました。それは、こんな大切な３つのことを知ったか
らです。

1 ｜ 運の法則を知った。
2 ｜ 自分の性質を知った。
3 ｜ 運勢（氣の流れ）を知った。

そうです。知ってしまったのです。何か努力したわけではなく、
ただ知ったのです。
感情がきっかけを作り、そして思考が行動を変えたのですね。

人は知ることで行動が変わります。
例えば、次のようなことを想像してみてください。

「そこにひとつの扉があります。」
その扉を開けると、そこは真っ暗な崖っぷちで、まっさかさ
まに落ちてしまうとします。もしそれを知っていたら、扉を
開けませんよね（笑）。

では反対に、とても素敵な場所で、美味しい食事が用意されている扉だとしたら……。
ハイ！　私はすぐに開けちゃいます。

ね!?　知ると行動が変わるでしょう？
もしあなたが、「私は努力しているのに、なんでうまくいかないんだろう」と思っているなら、それはただそれを知らないだけなのかもしれません。

私がこうして変われたように、九星氣学風水を知ることで、人生を良い方向に変えられる人がたくさんいるはずです。私はそう確信しています。

九星氣学風水をわかりやすく伝えるために「氣学9（ナイン）ガールズ」登場!!

九星氣学風水に出会い、「面白い」と感じたことから探求心が生まれ、学び、そして、知ることで行動が変わった私の人生。

当時やっていた仕事で抱えていた借金は、瞬く間にゼロになり！苦手だった人づきあいが克服され、沢山の出会いがありました。そうです。みるみるシフトチェンジしていったのです。

九星氣学風水によって救われ、変わることができた私は、この素晴らしい学問をみんなにも知ってほしい！　と願うよう

になりました。

ところが、九星氣学風水の難しい表現にぶつかります。
「九星氣学風水」「陰陽五行」「森羅万象」「方位盤」「遁甲盤」「後天定位図」「本命星」「同会」……。
どうでしょう……、このずらっと並んだ漢字の行列……。

どこか、とっつきにくく難しいイメージに、パタッと本を閉じたくなりませんか？
私は難しい漢字が苦手なので、閉じちゃいます（笑）。

どうにかしてこの難しそうなものを、「面白そう！」「楽しそう！」「可愛い♡」と興味を持ってもらえるように考え、登場したのが、この「氣学9（ナイン）ガールズ」です。

生年月日から算出される九星の星を、それぞれの特徴を表したキャラクターにしてみたのです。画期的な挑戦でしょ？

【氣学9ガールズ紹介】

清楚で癒し系の
一白水星 ちゃん

謙虚な大和なでしこ
二黒土星 ちゃん

元気でノリノリな
三碧木星 ちゃん

ふわふわ自由に飛び回る
四緑木星 ちゃん

個性満載！　王様ガール
五黄土星 ちゃん

ゴージャスにカッコいい
六白金星 ちゃん

愛嬌に溢れた可愛いアイドル
七赤金星 ちゃん

姉御肌で存在感抜群の
八白土星 ちゃん

キラキラ beauty 女子の
九紫火星 ちゃん

九星氣学風水の持つ「難しそう」というイメージを、払しょくしたかったんです。

最初にお伝えしたように「変わる」きっかけって、思ったより単純でシンプルなんだと思うんです。
「なぜ、九星氣学風水を学ぼうと思ったのですか？」の答えが「キャラクターが可愛かったからです」そんな理由があってもいいと思うんです。

今、この本を手に取ってくださったあなたも、ひょっとしたらこのキャラクターに興味をそそられたのかもしれませんね。
この本では九星氣学風水を使って、「氣学9ガールズ」ちゃんたちと一緒に、

1 ｜ 運の法則
2 ｜ 性質
3 ｜ 運勢（氣の流れ）

この3つについてお伝えしていきます。

さぁ！　ページをめくってあなたの人生を幸せな世界へと変えていきましょう！

CONTENTS

氣学9ガールズ
KIGAKU・NINE・GIRLS

第1章

九星氣学ってなに？

九星氣学風水の「氣」とは？

「氣」は、私たちの周りにたくさん存在しています。
例えば、元気、陽気、気品、勇気、色気、やる気、
などです。

「あの人は、いつも元気」
「やる気がみなぎっている」
「気品を感じる」

こんな風に、あなたも「氣」を、感じ取ったことは
ないですか？　「氣」とは生命エネルギーのことで、
目には見えないけれど確かに存在しているんです。

元気な人は、生命エネルギーがあふれ出ている状態
です。
逆に、良い印象を与えない「氣」もあります。例え
ば、陰気、病気、短気、邪気、嫌気、弱気、などが
そうです。
実はこの2つのタイプの「氣」に、運の秘密が隠さ
れています。

運の始まりは
いつだって自分にある

「突然ですが、あなたは生活をしていますか？」
こんな質問をされたら、「はい。毎日してますけど……」って、答えますよね。

実はこの「生活」こそ「運」の原点なんです。九星氣学の学びは「氣」の循環を知ることから始まります。

自分で生きる力を「生気（しょうき）」、
あなたを活かそうとする力を「活気（かっき）」と言います。

自分が生きようとする力が働くと、そこにあなたを活かそうとする力が外から与えられます。
あなたの生きようとする力に応じて、活かされる力がやってくる。
この生気と活気の力の循環を「生活」と呼びます。

そして、この循環を促していくことが、運を巡らせることであり、運の良い人・悪い人を作り出してい

く法則なんです。

例えば、あなたは、お腹がすかなければ食事をしませんよね？　もっと言えば、生きようとしなければ食事を与えられても食べない。いつだってこの循環の起点は、自分にあります。

「こんなことがやりたい！　頑張りたい！」と、やる気に満ちあふれ、明るく笑顔を発していれば、あなたにも充実感やチャンスが次々とやってきます。反対に不平不満ばかり口にして、しかめっ面をしていると、あなたを活かす氣がやってこないどころか、さらに「怒り」に変わる出来事がやってきたりします。

ここで少し想像してみてください。
「ダイエットして綺麗になって素敵な彼氏を作るんだ！　だからいいダイエット法があったら教えて」と、明るくやる気に満ちた表情の友人から言われたとしたら、「こんな情報あるよ、こんな方法もあるよ」と、教えてあげるでしょう。
ですが、「どうせ私なんて、痩せたって彼氏なんかできないし、なにやっても無駄」と、暗くふてぶてしい顔をしている人に、わざわざ「いいダイエット

法あるよ」って教えますか？
知っていたとしても、余計なお世話なのかもと思って伝えないと思います。

運は循環なんです。
きっと前者の人が頑張ってダイエットに成功したら、「いい人いるけど会ってみない？」と、次々と声がかかり、素敵な彼氏と巡り会えるでしょう。

生きようとしなければ、
動こうとしなければ、
叶えようとしなければ、
あなたを活かそうとするチャンスはやってこないのです。

今、あなたはどんな生活をしていますか？
あなたを活かそうとするチャンスが次々と運ばれてくる運の良い人ですか？
それとも循環が止まっている運の悪い人ですか？

運の加速は
自分を知ること
運勢を知ること

なかには頑張っているのに、チャンスがやってこない！
やりたいことが見つからない！
という方もいると思います。

そんな方こそ九星氣学で自分の性質、運勢を知って
ください。もしかすると生まれもった本来の性質で
生きていないのかもしれません。

**例えば一白水星さんは……水が流れるように動き、
前進できるはずが、人に気を使いすぎて立ち止まっ
ているのかもしれません。**

**二黒土星さんは……コツコツ努力型のはずが、一攫
千金を夢見て、楽な生き方をしようとしているのか
もしれません。**

**三碧木星さんは……朝のエネルギーが大事で、エネ
ルギッシュなはずなのに、朝寝坊さんになっている**

ってなに？

のかもしれません。

四緑木星さんは……自由にフットワーク軽く飛び回ることができるはずが、家の中に閉じこもっているのかもしれません。

五黄土星さんは……みんなに分け与える優しい心の持ち主のはずが、欲にかられてジャイアンのようになっているのかもしれません。

六白金星さんは……時間厳守！　スピード勝負のはずが、時間にルーズな遅刻魔になっているのかもしれません。

七赤金星さんは……食べることが大好きでグルメなはずが、食のこだわりを捨ててカップラーメンの生活になっているのかもしれません。

八白土星さんは……家族や仲間を大切にして頼もしいはずが、家族や周囲をないがしろに暴走しているのかもしれません。

九紫火星さんは……新しい情報に目をキラキラさせる好奇心旺盛なはずが、死んだ魚の目になっている

のかもしれません。

本来の生まれもった性質で生きることこそが、この運の循環を良い方向へと加速させる、最大の方法なのです。
自分が発する「氣」が変わると、環境も必ず変わっていきます。

生年月日は神様があなたにくれた一番最初のプレゼント。あなたが本来の素晴らしい能力を発揮できるように、宇宙も地球も、そして周りの人も、いつだって力を貸してくれています。

運勢を知る

運は循環であり、運は自分次第でいくらでも変える
ことができることが、おわかりいただけたと思いま
す。

では、この運を更に良い方向に動かしていくには、
どうすればよいでしょうか? それは運勢を知るこ
とです。

運勢は天気予報と同じです。例えば何か予定を立て
るとき、お天気って気になりますよね? 「みんな
でバーベキューをしよう!」って思ったとき、晴れ
ている日を選びますよね? わざわざ台風の日を選
ぶ人はなかなかいないと思います。

みなさんが日常的に気にしている「天気予報」。雨
が降るとわかっていれば、傘を持って出かけ、雨の
日に必要な準備をする。外で思いっきり楽しみたい
ときは、晴れの日を選び、活発に動くことです。

天気予報を知っているのと、知らないのとでは準備

するものや、過ごし方が違うものになるのではない
でしょうか？

運勢を知るって、人生における天気予報のようなも
のなんです。
何かを始めようと思ったとき、一番いいスタートが
切れる日に始めたいですよね？　そのために何を準
備すればいいのか？　気をつけることは何なのか、
きっと知りたいですよね？

**この行動のタイミングを知ることが運勢を知るとい
うこと。**
運勢を知ることによって、あなたの生活（生きる力
と活かされる力）は驚くほどに加速して、あなたを
幸せへと導いてくれます。

氣学9ガールズ
KIGAKU・NINE・GIRLS

第2章

本命星を調べよう

本命星
の
見 方

氣学は太陰太陽暦を使います。
太陰暦とは月の動きと太陽の動きを基本にした暦
のこと。中国の古代暦や日本の旧暦がこれに当て
はまります。

この場合、一年の始まりは１月１日ではなく２月
立春（２月４日頃）になります。ちょっとややこ
しいですよね！　月が替わることは節替わりと呼
び、なんと、月の始まりは１日ではないんです。
毎月異なる節入り日があり、その日からその月が
始まります。

自分の九星を知る

自分の九星を調べるときは生年月日を見ていきま
す。ここで調べる自分の九星を「本命星（ほんめ

第 2 章 本命星を調べよう ★本命星の見方

いぼし)」といいます。本命星は本来持っている本質的なあなたの性質！　本命星の雰囲気や特徴のままに生きることが、本来の自分を生きることなのです！

その「本命星」は生まれた年によって決まります。次のページの本命星一覧表を見て、生まれた年から本命星を探してください。
一年の始まりは立春ですから 1 月 1 日〜節分までの生まれの場合は前年の生まれとなるので要注意！　です。

> 1976 年 2 月 6 日生まれの場合、
> 本命星は六白金星
> 1976 年 1 月 20 日生まれの場合、
> 本命星は七赤金星

となります。

ちなみに自分の持つ九星は本命星だけではなく月命星や最大吉方の星という星があります（86 ページ参照）。月命星は、子供の頃（〜10 歳くらいまで）の性質や個性、身体的特徴や行動を表しています。

本命星と生まれた月によって月命星が決まります。最大吉方については、第 3 章でまた詳しくご説明しますね！

本命星早見表 （年齢は2023年現在）

※1月1日〜立春前までの生まれは、
　前年生まれとして見ます。

西暦	年号	年齢	本命星 (ガール)
1926	昭和元年	97歳	二黒土星
1927	昭和2年	96歳	**一白水星**
1928	昭和3年	95歳	**九紫火星**
1929	昭和4年	94歳	八白土星
1930	昭和5年	93歳	七赤金星
1931	昭和6年	92歳	六白金星
1932	昭和7年	91歳	**五黄土星**
1933	昭和8年	90歳	四緑木星
1934	昭和9年	89歳	三碧木星
1935	昭和10年	88歳	二黒土星
1936	昭和11年	87歳	**一白水星**
1937	昭和12年	86歳	**九紫火星**
1938	昭和13年	85歳	八白土星
1939	昭和14年	84歳	七赤金星
1940	昭和15年	83歳	六白金星
1941	昭和16年	82歳	**五黄土星**
1942	昭和17年	81歳	四緑木星
1943	昭和18年	80歳	三碧木星
1944	昭和19年	79歳	二黒土星
1945	昭和20年	78歳	**一白水星**
1946	昭和21年	77歳	**九紫火星**
1947	昭和22年	76歳	八白土星
1948	昭和23年	75歳	七赤金星
1949	昭和24年	74歳	六白金星
1950	昭和25年	73歳	**五黄土星**

西暦	年号	年齢	本命星 (ガール)
1951	昭和26年	72歳	四緑木星
1952	昭和27年	71歳	三碧木星
1953	昭和28年	70歳	二黒土星
1954	昭和29年	69歳	**一白水星**
1955	昭和30年	68歳	**九紫火星**
1956	昭和31年	67歳	八白土星
1957	昭和32年	66歳	七赤金星
1958	昭和33年	65歳	六白金星
1959	昭和34年	64歳	**五黄土星**
1960	昭和35年	63歳	四緑木星
1961	昭和36年	62歳	三碧木星
1962	昭和37年	61歳	二黒土星
1963	昭和38年	60歳	**一白水星**
1964	昭和39年	59歳	**九紫火星**
1965	昭和40年	58歳	八白土星
1966	昭和41年	57歳	七赤金星
1967	昭和42年	56歳	六白金星
1968	昭和43年	55歳	**五黄土星**
1969	昭和44年	54歳	四緑木星
1970	昭和45年	53歳	三碧木星
1971	昭和46年	52歳	二黒土星
1972	昭和47年	51歳	**一白水星**
1973	昭和48年	50歳	**九紫火星**
1974	昭和49年	49歳	八白土星
1975	昭和50年	48歳	七赤金星

西暦	年号	年齢	本命星(ガール)
1976	昭和51年	47歳	六白金星
1977	昭和52年	46歳	**五黄土星**
1978	昭和53年	45歳	四緑木星
1979	昭和54年	44歳	三碧木星
1980	昭和55年	43歳	二黒土星
1981	昭和56年	42歳	**一白水星**
1982	昭和57年	41歳	**九紫火星**
1983	昭和58年	40歳	八白土星
1984	昭和59年	39歳	七赤金星
1985	昭和60年	38歳	六白金星
1986	昭和61年	37歳	**五黄土星**
1987	昭和62年	36歳	四緑木星
1988	昭和63年	35歳	三碧木星
1989	平成元年	34歳	二黒土星
1990	平成2年	33歳	**一白水星**
1991	平成3年	32歳	**九紫火星**
1992	平成4年	31歳	八白土星
1993	平成5年	30歳	七赤金星
1994	平成6年	29歳	六白金星
1995	平成7年	28歳	**五黄土星**
1996	平成8年	27歳	四緑木星
1997	平成9年	26歳	三碧木星
1998	平成10年	25歳	二黒土星
1999	平成11年	24歳	**一白水星**
2000	平成12年	23歳	**九紫火星**

西暦	年号	年齢	本命星(ガール)
2001	平成13年	22歳	八白土星
2002	平成14年	21歳	七赤金星
2003	平成15年	20歳	六白金星
2004	平成16年	19歳	**五黄土星**
2005	平成17年	18歳	四緑木星
2006	平成18年	17歳	三碧木星
2007	平成19年	16歳	二黒土星
2008	平成20年	15歳	**一白水星**
2009	平成21年	14歳	**九紫火星**
2010	平成22年	13歳	八白土星
2011	平成23年	12歳	七赤金星
2012	平成24年	11歳	六白金星
2013	平成25年	10歳	**五黄土星**
2014	平成26年	9歳	四緑木星
2015	平成27年	8歳	三碧木星
2016	平成28年	7歳	二黒土星
2017	平成29年	6歳	**一白水星**
2018	平成30年	5歳	**九紫火星**
2019	令和元年	4歳	八白土星
2020	令和2年	3歳	七赤金星
2021	令和3年	2歳	六白金星
2022	令和4年	1歳	**五黄土星**
2023	令和5年	0歳	四緑木星
2024	令和6年	－	三碧木星
2025	令和7年	－	二黒土星

氣学9ガールズ

KIGAKU・NINE・GIRLS

一白水星

<ruby>一<rt>いっ</rt></ruby><ruby>白<rt>ぱく</rt></ruby><ruby>水<rt>すい</rt></ruby><ruby>星<rt>せい</rt></ruby>

1 ♡

探求心旺盛で、
質問上手！
相手の心に入り込む、
究極の人たらし

── COLOR ──
テーマカラー

白

黒

── JOB ──
向いている職業

カウンセラー
サービス業
研究者

好感度高め!
優しいココロで
相手に寄り添う
変幻自在のコミュニケーション力

一白水星さんは「なんで？　なんで？　どうして？」と、何でも物事の意図が知りたい人。気になったら、もう探求心は止まらない！　裏を読みすぎたり真面目に考えすぎて頭がパンクすることもあるくらいです。

✦✦✦✦✦✦✦✦✦✦

そんな探求心から聞き出し上手で話させ上手です。ですが、自分のことはあまり話さない秘密主義者。そこがまたミステリアスな魅力。聞き上手で気配り上手な一白水星さんは、水が浸透するように相手のココロにすーっと入り込み、寄り添い、人を虜にする究極の「人たらし」さんです。

✦✦✦✦✦✦✦✦✦✦

また、新しいことにチャレンジしようとする好奇心と、リスクを考えるストッパーのはざまを行ったり来たり。そのため、動き出すのに時間はかかりますが、これと決めたら少々のことでへこたれない忍耐強さと我慢強さはピカイチ。

✦✦✦✦✦✦✦✦✦✦

陰の努力も人一倍！　強引に物事を進めるのではなく、穏やかに優しく粘り強さでちゃっかり自分の思い通りの結末を勝ち取ります。

一白水星 の 長所

＊ 人当たりがよく聞き上手の合わせ上手
＊ 相手の態度や言葉の隅々まで観察し、交渉力は九星一
＊ その場の状況や相手のニーズに合わせて空気が読める
＊ 面倒見がよく、困った人をほおっておけない
＊ 忍耐強く、我慢強い

一白水星 の 短所

＊ いつも他人や何かに我慢して、遠慮がち。
＊ 考えすぎて思考が止まると究極のめんどくさがり屋さんになる
＊ 疑い深く心配性のわりに人に流されやすくだまされやすい
＊ ちょっとしたことで傷つきやすいガラスのハート
＊ ゆっくりしているようで効率主義の実はせっかちさん

一白水星 と 相性のいいボーイズ

一白水星

三碧木星

四緑木星

六白金星

七赤金星

愛情運	お世話好きで「あの人には自分がいないとダメ！」と思い込み、とことん尽くして相手を一途に愛するタイプ。

金 運	人間関係と金運が比例します。人に優しく尽くすことでお金が循環する人です。逆に人をだましたり、傲慢だったりするとお金が逃げていきます。無理や我慢のない良好な人間関係を心がけることで金運はUPします。

幸せ 開運 ポイント

一歩踏み出す勇気で、
大きな幸せへと導かれる♡

立ち止まらずにフットワーク軽く動き回れば、いつの間にか変化を楽しむ幸せマインドに。何でも、まずは素直に受け止めてやってみることが大事！

「人の為」が幸せの鍵

人に優しく、人を助ける！　人に与えるエネルギーを使えば使うほど人生が豊かに潤う。
ただし、時には与え過ぎず、誰かに頼ったり甘えることも忘れないでくださいね。

ネガティブな感情はNG！
心のデトックスをしよう

「どうせ私なんか……」の発言や、人と比べて自分を卑下したり、羨んだり、コンプレックスを持ったままでは幸せが逃げてしまいます。すぐにその気持ちをかき消しましょう。
嫌な気持ちがわいてきたら、好きなことに没頭してみましょう。

ファッション&
美容の *Point!*

☑ **開運ファッションのモチーフはやっぱりドット（水玉）柄**
長く愛されるドット柄は水のエネルギーの象徴。
レースやリボンなど女性らしいアイテムもアクセントに！ 白いシャツとジーンズにパンプスのようにシンプルで女性らしい着こなしもおすすめ。

☑ **体もお肌も水分補給！ 水の潤いを！**
乾燥は水のエネルギーの大敵！ 水が抜けると運気もダウン！
艶と潤いのためにしっかりとした保湿ケアをしましょう。

☑ **色白が開運肌**
色白がポイント！ お肌の美白ケアや歯のホワイトニングも必須。
透き通る透明感のある色白肌が一白水星さんの開運肌。

Chie からのアドバイス！

相手や環境やGOALを裏読みしすぎて考えてしまい、ぐるぐる頭の中が迷子になり動けなくなってしまう一面があります。
物事をもっとシンプルに考えてみましょう。

あなたへの【Power Word】
「**一滴の水が大河となる**」

一歩踏み出して流れを止めなければあなたは必ず大河へと流れつく。 この言葉を信じて、明るい未来をイメージし、壮大な人生の冒険を楽しみましょう。

氣学9ガールズ
KIGAKU・NINE・GIRLS

二黒土星

細かなことに気づき、
人のフォローができる
サポート上手
コツコツと物事を続けて、
やり遂げる
強さもあります

COLOR
テーマカラー

黄

こげ茶

JOB
向いている職業

不動産業
農業
保育士

サポートが得意な縁の下の力持ち！
落ち着いていておおらかなので
人に安心感を与えます

二黒土星さんは裏方が得意なサポート上手！
エネルギーを調和させる星なので、落ち着いていておおらかな和み系です。優しくて人に尽くし、何でも受け入れるので、九星一のお世話役。

+ + + + + + + + + + +

見た目は女性的で柔らかい雰囲気だけど、一度決めたらやり通す意志の強さと行動力があるので、頼れる人です。
二黒土星さんの土は畑の土を意味するので、種をまかれるとなんでも育てます！　気が長くて人の成長を待つことができる「育成上手」です。そして、畑の土が仕切られているようにテリトリーを守り、家庭や仲間を大事にします。

+ + + + + + + + + + +

コツコツとルーティン行動を続けられるので、諦めなければ大きな成功を手にする可能性も！　自分からガンガン攻めるより受け身でいるほうが、物事がうまく進みます。

+ + + + + + + + + + +

動きがゆっくりで、のんびり屋に見えますが、実は頭の中で「あれもしなきゃ！　これもしなきゃ！」と忙しく考えています。
自分のペースを何より大事にする二黒土星さんは、周囲に合わせるより自分のスピードを知っておくことが大切です。

二黒土星の 長所

* 面倒見がよく、人に安心感を与える
* 細かいことによく気づく
* 責任感が強い
* 合わせ上手で、人を立てることができる
* 謙虚で前に出ず、やるべきことをコツコツ続けられる

二黒土星の 短所

* せっかちであわてんぼう
* ポーカーフェイスで感情が伝わりにくい
* 遠慮して遠まわしに言うので、何が言いたいのか伝わりにくい
* 変化に弱く、冒険しない
* 人に任せられず、自分でやってしまう完璧主義者

二黒土星 と 相性のいいボーイズ

二黒土星　**五黄土星**　六白金星　七赤金星　八白土星　**九紫火星**

愛情運

九星のお母さん的存在で感情が安定していて、人に安らぎを与えます。
優しくて人に尽くすので、時間をかけて愛を育てていくのが得意！

金運

地道にお金を貯められるやりくり上手で、お金に細かい人。欲を出してギャンブルや投資で一攫千金を狙うとお金が逃げていきます。
日々の堅実さを心がけることで金運はUPします。

幸せ**開運**ポイント

周囲の声に耳を傾けて！

マイペースを貫く頑固な一面があります。すべての意見を取り入れる必要はないですが、周囲のアドバイスに耳を傾けると、物事がもっとスムーズに進みます。

スピードを
追求しすぎないように

慌てない強さや着実さが二黒土星さんの持ち味。だから、スピードを求めだすと誤作動が起きてしまうことも。イレギュラーな出来事に弱いので、ゆとりのあるスケジューリングを心がけましょう。

育てるエネルギーを
活用しよう

人やものを育てるのが得意な、母性あふれる二黒土星さん。家庭菜園で植物を育てるのはおすすめ。なにかを育てることで、自分のエネルギーも良い方向へとUPします。

ファッション & 美容の Point!

☑ 開運ファッションはベーシックで長く着られる服

流行にとらわれず、無駄のないファッションがぴったり！　二黒土星さんは裏方や黒子の意味合いがあるので、黒い洋服もおすすめです。落ち着いたトーンが似合います。

☑ ハイヒールよりもローヒールを

ハイヒールでカツカツ歩くよりも、地に足をつける意味でもローヒールがおすすめ。大地のエネルギーをしっかり受け取ってください。

☑ 子宮と足は重点的に

お母さんを象徴する二黒土星さんは、女性だけがもつ子宮が大事。
ヨモギ蒸しなどの温活で、お腹を温めてあげましょう。
地に足をつけるという言葉があるように、フットケアも吉です。

☑ ネイルケアと基礎化粧品

指先もポイントなので、ネイルケアをしておきましょう。派手な色である必要はなくお手入れが行き届いていることが重要！　美肌のベースになる基礎化粧品は自分に合ったもので整えましょう。

Chie からのアドバイス！

物事を真面目に受け止めて堅実すぎるために、遊びがなくなり頭が凝り固まり、変化を受け入れられなくなってしまう一面があります。もっと柔軟に物事を考えてみましょう。

あなたへの【Power Word】
「継続は力なり」

どんな変化がやってきてもコツコツ頑張って続けてきたあなたの努力と経験は無駄にならない。この言葉を信じて、明るい未来をイメージし、変化を楽しめる人生を手に入れましょう。

氣学9ガールズ
KIGAKU・NINE・GIRLS

三碧木星

さん ぺき もく せい

明るくて好奇心旺盛で、
フットワークの軽い行動派！
発想力やアイデア力があり、
いたずらっ子のような
一面もあります

――― COLOR ―――
テーマカラー

水色

青

――― JOB ―――
向いている職業

アナウンサー
広告業
声優

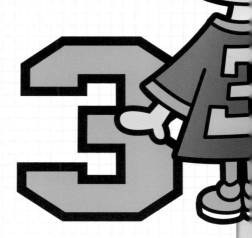

大解剖!!

三碧木星ってこんな人

子どものような
無邪気さが魅力!
明るくて好奇心旺盛で
輪の中心にいるムードメーカー

三碧木星さんは明るくて好奇心旺盛で、とにかくやってみるエネルギッシュな行動派です。
新しいものに敏感で、フットワークが軽く、チャレンジ精神も旺盛!
ノリがよく、あっけらかんとしていて細かいことは気にしません。いつも輪の中心にいるムードメーカーのような存在です。

◆◆◆◆◆◆◆◆◆◆◆

無邪気な子どものような一面があり、いたずら好きで人を驚かせるサプライズが得意! 発想力やアイデア力はピカイチ! まさに子どものように何もなくても工夫して遊ぶことができます。目の付け所が面白く、人があっ! と驚く企画をたくさん思いつく人です。

◆◆◆◆◆◆◆◆◆◆◆

表裏がなくて嘘のない人だから、表現は良くも悪くもストレート。思ったことをすぐ口にして、意図せず人を傷つけてしまうこともあります。
自己顕示欲が少し強いので、アクションは少しオーバー! 場を盛り上げようと話を盛ってしまう一面は少しだけ注意しましょう。

三碧木星 の 長所

* 前向きで明るく、生命力に溢れている
* 新しいことに興味があり好奇心旺盛
* アグレッシブで行動力がある
* 周囲の人に元気を与えるムードメーカー
* 人を驚かせるサプライズが得意

三碧木星 の 短所

* 短気で、すぐカッとなることがある
* ストレートな物言いで人を傷つけてしまうことも
* 承認欲求や自己顕示欲が強め
* 盛り上げようとして、話を盛ってしまう
* 三歩歩くと忘れてしまう

三碧木星 と 相性のいいボーイズ

一白水星

三碧木星

四緑木星

九紫火星

愛情運

感情表現が豊かで情熱的。駆け引きのないまっすぐな愛情を注ぎます。
明るい存在感を出すことが愛情運UPのポイント！

金 運

情報や知識を増やすと、次々に金運が巡ってきます。節約をすると好奇心もストップしてしまうので増やすことを考えて、学びにお金をかけましょう。後先考えずに使う傾向があるので、無駄使いには要注意！

幸せ 開運 ポイント

失敗を恐れずに
何事もチャレンジする

可能性があることは、好奇心のままにどんどんやってみて！ 物分かりがよくなりすぎると三碧木星さんらしさがなくなってしまうので要注意です。

時には空気を
読んでみる

ストレートに物事を言いすぎてしまうことがあるので、何かを話す前に「これを言ったらどう思うかな」と考えてから話してみましょう。

早起きに
幸運の秘訣あり

朝日のエネルギーは三碧木星さんを元気にする最大の力。早起きのサイクルで過ごせると吉。朝から活動的に過ごしてみましょう。

ファッション＆美容の Point!

☑ デニム

三碧木星の碧の字は青という意味も！　海外セレブのようなデニムファッションが似合います。少し遊びがあって、ポップで斬新なものも着こなせるのは、三碧木星さんのセンスの良さが光るポイント。

☑ 活発でキュートな印象のファッション

パンツスタイルで、活動的な服装がよく似合います。

☑ 喉のうるおい、口角をあげておく

三碧さんは声や喉がとても大事。喉のうるおいに気を配ってみましょう。うがい、喉のメンテナンスも大事です。

☑ 炭酸美容

炭酸洗顔や炭酸パックなど、活発な動きを象徴する炭酸を活用したお手入れも好相性です。

Chie からのアドバイス！

好奇心旺盛で行動力が抜群ですが、面倒くさいことが苦手で、完成する前に投げ出してしまう一面があります。あきらめない心を育てましょう。

あなたへの【Power Word】

「旭日昇天の勢い」

どんなに面倒くさい問題や困難も、あなたの天にも昇る勢いとアイデアがあれば一瞬で終わる！　この言葉を信じて明るい未来をイメージし、天真爛漫に笑って過ごせる人生にしましょう。

氣学9ガールズ
KIGAKU・NINE・GIRLS

四緑木星
しろくもくせい

癒し系で、社交性が
光る愛されキャラ
軽やかで自由な
発想の持ち主
おだやかで
従順です

──── COLOR ────
テーマカラー

黄緑

緑

──── JOB ────
向いている職業

旅行業
人材派遣
出版業

大解剖!!

四緑木星ってこんな人

人に優しい振る舞いや
言葉使いで
目上からも可愛がられる
社交性の持ち主

話し方や雰囲気が柔らかくて優しいので、第一印象がとてもいいです。おっとりした癒し系で、気配りも細やか。誰とでも仲良くなれて、みんなで一緒に何かをするのが得意。臨機応変な対応もできるので、調整役にも向いています。

✦✦✦✦✦✦✦✦✦✦

人間関係におけるバランス力と社交性はピカイチ! メッセージの返信などもマメです。
また、人と人、場所と場所など違うものを出会わせて、縁をつなげる縁結びの星でもあります。

✦✦✦✦✦✦✦✦✦✦

風のエネルギーをもつ四緑木星さんは、軽やかで自由な発想の持ち主。協調性があるけどマイペースな一面もあり、自分なりの哲学をちゃんともっています。行動力があってフットワークが軽いが、ひとつのことが長続きしない飽きっぽい一面も。

✦✦✦✦✦✦✦✦✦✦

何か起こっても「なんとかなる」と考えるポジティブ思考なので、細かいことは気にしません。暗いことや面倒くさいことは取り合わずに、穏便にすませようとする平和主義者です。

四緑木星 の 長所

* 爽やかで透明感のある癒し系
* 争いごとが嫌いで、問題処理能力が高い平和主義者
* 細かいことは気にしないポジティブ思考
* 頭脳明晰で要領がいい
* 行動力がありフットワークが軽い

四緑木星 の 短所

* 飽きっぽくて、気が変わりやすい
* 判断力、決断力に欠ける優柔不断な一面も
* 人に合わせすぎて自分の気持ちがわからなくなることも
* 四角四面に物事を捉える頑固さ
* 身近な人や家ではワガママになり横柄さが目立つ

四緑木星 と 相性のいいボーイズ

一白水星

三碧木星

四緑木星

九紫火星

愛情運

優しい笑顔と癒し系の雰囲気で、愛されオーラのある人です。
気配りができて社交性がありますが、八方美人にならないように注意。

金運

交際費にお金を使うことで金運がUPします。そこをケチるとお金の循環が止まってしまうので交際費は惜しまないで。人との出会いが金運を上げるので、積極的に外に出て羽振りよく人と交流しましょう。

49

幸せ 開運 ポイント

自分ファーストで動く

相手ファーストの四緑木星さんが多いですが、周りに気を使いすぎて自分を出せないことも。自分ファーストで動けるようになると優柔不断さもなくなり運気もUP！

柔らかい
雰囲気を大事に

四緑木星さんは柔らかい雰囲気が大切！　話しかけやすい雰囲気でいることが運勢を良くするので、いつも柔らかい雰囲気を心掛けて。

動きを止めない

風のようにどこにでも行き、同じ場所に留まらずに、様々な場所を見て、自分の居場所をふわふわと変えていきましょう。

ファッション & 美容の *Point!*

☑ つやつやロングヘア

「長い」が四緑木星さんのエネルギーなので、髪型はロングヘアがおすすめ！　ヘアケアはしっかりしておきましょう。

☑ 揺れるアクセサリー

イヤリングやピアス、スカーフ、フレアスカートなど、風で揺れるものはぴったり！

☑ ボタニカル柄

木の性質を持つ四緑さんは、植物の柄が描かれているボタニカル柄もおすすめ。洋服や小物で取り入れてみてください。

☑ 腸を健康にする腸活

実はけっこう長い臓器である腸を整えておくことが大事！　腸を整えることで幸せホルモンが出て気分上々に。

Chie からのアドバイス！

みんな仲良く平和主義だからこそ、周囲の目や社会の常識を気にしてしまい、優柔不断になって閉じこもってしまう一面があります。もっと自分の気持ちに素直になってみましょう。

あなたへの【Power Word】
「明日は明日の風が吹く」

くよくよ悩んでも始まらない。あなたが知らない可能性と世界は無限に広がっています。この言葉を信じて、明るい未来をイメージし、もっと楽観的に自分を信じて羽ばたきましょう。

氣学9ガールズ
KIGAKU・NINE・GIRLS

五黄土星（ごおうどせい）

人に左右されない
強さがあって、決めたことを
やり遂げる！
義理と正義の人情派で、
強いリーダーシップをもつ
王様タイプ

── COLOR ──
テーマカラー

黄

黄土色

── JOB ──
向いている職業

アドバイザー
政治家
スクラップ業

自分に厳しく諦めずにやり抜く強さ！
自分のペースで
やりたいことを追求する

九星で最も強運といわれる帝王星です。マイペースでオンリーワンの意識が強く、人に左右されない強さをもっています。鋭い洞察力で全体を把握して、強烈なリーダーシップで周りをぐいぐい引っ張ります。
また、生命力が強くてバイタリティがあります。

◆◆◆◆◆◆◆◆◆◆

義理と正義感がある人情派で、困っている人がいたら助けるし、頼まれるとNOと言えない優しい一面も。感情表現が苦手なので愛情が表に出にくく、誤解されやすいので、少しオーバーに感情を伝えるくらいでちょうどいいです。

◆◆◆◆◆◆◆◆◆◆

波瀾万丈な人生を送りますが、ピンチをチャンスに変える力をもっています。向上心が高く、自分にも厳しい人なので、諦めずにやり抜く強さがあります！

◆◆◆◆◆◆◆◆◆◆

自分の意思がすべての中心で周囲にどう見られるかを気にしないので、良くも悪くも空気が読めないことも。時には、自分勝手と誤解されることもあるけど、信頼している人からの頼みなら、惜しまず努力して最善を尽くしてくれる優しい人です。

五黄土星の 長所

* 生命力が強くてバイタリティがある
* 情が深くて優しい
* 困っている人がいたら助けようとする
* 頼まれるとNOと言えないし、助けちゃう
* 積極的で自己実現力が強い

五黄土星の 短所

* 強引すぎるところがある
* 空気を読めない
* 人に合わせない
* 執着が強く、諦めが悪い
* 一人で抱え込んでしまうことがある

五黄土星 と 相性のいいボーイズ

二黒土星　**五黄土星**　六白金星　七赤金星　八白土星　**九紫火星**

愛情運

好きになったら一直線で、愛されるより愛したいタイプ。
障害が大きいほど、燃えあがります。

金運

お金を持っている安心感でお金が循環します。1、2年は生活できる蓄えがあると、お金を使い、増やすことに集中できます。まず貯蓄というベースを持ち、そこから回していく考えにシフトチェンジしましょう。

幸せ開運ポイント

∽─────────────────────────∽

リーダーとしての
資質を発揮する

どんな分野でも責任感を発揮できて、統率力は
トップクラス！　周囲に気を配りながら協調性を
もつと、さらに良さが活かされ運気が上がります。

常に明るく笑顔で

感情表現が少し苦手。黙っていると不機嫌に見ら
れがちなので、どう表現しようとかいろいろ考え
ずに明るく笑顔でいれば、運気を味方につけられ
ます！

人を頼る

何でも自分でやろうとして抱え込んでしまうとこ
ろがあります。人を頼って助けてもらうことで、
物事がスムーズに進み、周りに人が沢山増えます。

∽─────────────────────────∽

ファッション & 美容の Point!

☑ 個性派スタイルがおすすめ

コンサバなファッションの人が多いですが、個性的な恰好をした
ほうが開運につながります！ 五黄土星さんは、何色の服を着て
も OK です。個性を発揮しましょう。

☑ 季節感を気にしないファッション

「冬はノースリーブを着ない」など、一般的なルールに縛られる
必要はありません。自分が着たいタイミングで好きな服を着てみ
ましょう。例えば、真夏にファーやブーツを身に着けたって平気
です。

☑ シミやくすみに気をつけて

五黄土星さんは、シミやくすみが大敵です。サプリメントを飲んで、
胃腸や肝機能を整えるなど内側からのケアがおすすめ！

Chie からのアドバイス！

あれもこれもと色々なことがやりたくなり、とにかく何でも
吸収して泥沼化しちゃう一面があります。もっと肩の力を抜
いて楽しみましょう。

**あなたへの【Power Word】
「すべてはあなたの手の中にある！」**

**引き寄せ力が強いあなたはそんなに欲張らなくても必要なこ
とは自然に集まってきます。**この言葉を信じて、明るい未来
をイメージし沢山の人たちと叶えたい人生を手に入れましょう。

氣学9ガールズ
KIGAKU・NINE・GIRLS

六白金星
ろっぱく きんせい

行動力とスピードで
突き進み、
努力を重ねる完璧主義者
ボランティア精神があって
誠実な人です

―― COLOR ――
テーマカラー

ゴールド

シルバー

―― JOB ――
向いている職業

自動車業
スポーツ選手
法律家

理想に向かって
突き進む努力家
誤解されやすいけど

裏表のない誠実な人

自分にも他人にも厳しい完璧主義な人。相手が誰であってもひるまずに意見する正義感の強さもあります。向上心にあふれていて、こうと決めた道を上へ上へと突き進む、決めたことを最後までやらないと気がすまない一本気な努力家です。

❖❖❖❖❖❖❖❖❖❖

ひとつのことを徹底的に追求し、理想に向かって並外れた集中力で突き進みます。行動派で、曖昧なことが苦手だから、モタモタするのがキライ。最速で物事をやり遂げようとします。

❖❖❖❖❖❖❖❖❖❖

自信家でプライドやこだわりが強く、白黒をはっきりつけたい性格。結果優先で、手段を選ばない一面も。充実と実りの星と言われ、自分だけでなく他の人の幸せも願う奉仕の精神があって、たくさんの人を助けます。裏表がなく、誠実でストレートな性格です。

❖❖❖❖❖❖❖❖❖❖

まじめで正義感が強く存在感があるので、リーダーシップをとるタイプです。小さなことを気にせず、物事を大局的に見られる人です。

六白金星 の 長所

* 行動力とスピードがある
* ボランティア精神旺盛
* 裏表がなくて誠実
* 自分自身にも完璧を求めるストイックな性格
* 小さなことを気にせず、物事を俯瞰で見られる

六白金星 の 短所

* 時間を忘れ、やりすぎてしまうことが多い
* 完璧を人に押し付けてしまうことがある
* 好き嫌いが顔に出やすい
* 言葉数が少なく、誤解されやすい
* 近寄りがたい雰囲気で、初対面で声をかけられにくい

六白金星 と 相性のいいボーイズ

一白水星 二黒土星 **五黄土星** 六白金星 七赤金星 八白土星

愛情運

相手を一途に愛する献身的なタイプ。
愛情運UPのポイントは、相手に多くを求めないこと。

♥ ♥

金 運

貢献性と金運が比例します。大きくお金に困ることがない金運を持っているからこそ、自分だけにとどめず社会に還元するスマートさがあると◎。自己欲に走るとすべてを失ってしまうので注意！

61

幸せ開運ポイント

専門性を深めていく

ひとつのことを追求する力が強いので、プロフェッショナルとして専門性を深めると能力が活かされて、運気が高まります。

本物志向

小さくてもいいから本物のダイヤモンドを身につけるなど、本物志向を大事にしましょう。

多くの人と関わる

人と関わることを避け、言葉数が少なくコミュニケーション力が少し低い六白金星さん。多くの人と関わり、接することで持っている力が磨かれます。

ファッション＆美容の Point!

☑ 高見えファッション

本物志向の六白金星さんは、品や上質感があり、洗練された大人ファッションが似合います。

☑ 金箔エステ

金のエネルギーをもっているので、金箔を使用したエステがおすすめ！

☑ 運動

動くエネルギーを使うことで力が発揮されます。運動することでエネルギーが高まります。

☑ ツヤ感のある肌

肌は、ツヤを意識したお手入れをしてみましょう。ファンデーションもツヤ感が出るものがおすすめ！

Chie からのアドバイス！

自分のことも周囲のことも何事にも全力投球で、完璧を目指しストイックに取り組みすぎて疲れてしまう一面があります。何でも引き受けるのは止めましょう。

あなたへの【Power Word】

「プロフェッショナルへの道」

自分の得意分野、専門分野にスポットを当ててそこを伸ばすことに力を注いでください。 この言葉を信じて、明るい未来をイメージしあなたが本当に好きなこと楽しいことをやり続け一流を目指しましょう。

氣学9ガールズ
KIGAKU・NINE・GIRLS

七赤金星
しち　せき　きん　せい

人を惹きつける、魅力的な
キラキラオーラの持ち主
自分も楽しみ、
相手も喜ばせる
エンターテイナー

───── COLOR ─────
テーマカラー

ピンク

オレンジ

───── JOB ─────
向いている職業

サービス業
タレント
講演家

社交性が高い
エンターテイナー
愛嬌があり
可愛らしいことも魅力

話し上手で聞き上手、自分も楽しみながら相手を
喜ばせるサービス精神旺盛なエンターテイナーで
す。うれしい、楽しいなど喜びごとへのアンテナ
が高くて、明るくて盛り上げ上手!

❋❋❋❋❋❋❋❋❋❋

社交性が高くて、頭の回転が速いので、会話力は
達人級です。食べることが大好きでお酒も強く、
おしゃべり好きです。

❋❋❋❋❋❋❋❋❋❋

いくつになっても愛嬌があって可愛いらしくて、
エイジレスな魅力の持ち主。物事にあまり執着が
ないので、あっけらかんとしていて表裏がありま
せん。明るくノリがいいですが、頭がよく冷静で
もあるので、納得いかないことは受け入れません。

❋❋❋❋❋❋❋❋❋❋

金のエネルギーをもっているので冷やすと硬くな
り、熱に弱い性質があります。なので、人から冷
たくされると頑固になり、情熱や優しさにはすぐ
心を開きます。実りの秋を担当している七赤金星
さんは、収穫物をみんなで分け合う人。お金との
縁が深く、お金のめぐりがよいです。

七赤金星 の 長所

* 人に何かをしてあげるのが好き
* 人の気持ちを察知する力がある
* 自分も楽しみながら、人も喜ばせる
* 感情表現が豊かで、コミュニケーション力が高い
* 打たれ強い

七赤金星 の 短所

* 自己主張が強い
* プライドが高く、謝れないことも
* 批判癖があって、余計な一言が多い
* 見栄っ張り
* 実行力はあるけど継続力がない

七赤金星 と 相性のいいボーイズ

一白水星　二黒土星　**五黄土星**　六白金星　七赤金星　八白土星

愛情運	愛情表現が豊かな、愛されキャラ。ロマンティックなムードが大好き。潤いのあるプルプル唇が愛情運UPのポイント。

金　運	支出と収入がくるくる循環する人です。お金に対する嗅覚が鋭く、稼ぎ上手ですが使い方は派手なほう。ため込んで執着し始めると金運がストップするので、投資などで上手に増やしましょう。

67

幸せ 開 運 ポイント

食にこだわる

もともとグルメな人が多い七赤金星さん。食にこだわると運勢もUP！　反対に「食べられればなんでもいい」と考えてしまうと、運気が下がります。

ポジティブな言葉選び

七赤金星さんは、言葉で人を喜ばせる人ですが、言葉で失敗することもあるので気をつけましょう。相手が喜ぶ言葉やポジティブな言葉を意識的に使うと◎。

お金は使うほど
運勢があがる

金のエネルギーをもっていて、お金と縁が深いです。七赤金星さんはお金を使うことで運が循環し、喜びごとを作り出します。ケチケチしていると運気が下がるので、お金を使いましょう。

ファッション& 美容の Point!

☑ ガーリーな服装

花柄やフリル、明るい色合いなど、ガーリーな服装にこだわって みましょう。

☑ 歯並びのいい白い歯にこだわって

虫歯がある七赤金星さんは運気が悪いと言われるほど、口がとっ ても大事！ 口腔ケアに気を配って、歯並びのいい白い歯をキー プしてみてください。

☑ 唇はプルプルに

唇のケアもとっても大事。リップクリームなどで保湿して、いつ もプルプルの状態を目指してみてくださいね。

Chie からのアドバイス！

人を楽しませることが上手で社交性が抜群なのでみんなの人 気者ですが、軽率な態度や言葉で失敗してしまう一面があり ます。落ち込みすぎるのは止めましょう。

あなたへの【Power Word】

「七転び八起き」

相手を喜ばせるポジティブな言葉と、誰からも愛される愛嬌 で何度でもやり直せます。この言葉を信じて、明るい未来を イメージし喜びの世界でキラキラ輝く花形人生を手に入れま しょう。

氣学9ガールズ
KIGAKU・NINE・GIRLS

八白土星
はっぱくどせい

度胸があって、
腹の座った姉御タイプ
あきらめずに
障害を乗り越えていく
強さがあります

—— COLOR ——
テーマカラー

黄

ベージュ

—— JOB ——
向いている職業

ホテル業
建築関連
教育家

曲がったことが嫌いな
義理人情派
教え上手で
人を育てるのも得意

八白土星さんの土は、山の土を意味します。「動かざること山のごとし」という言葉の通り、八白土星さんはいったん決意すると意志が強くて、やり抜く強さをもっています。

＋＋＋＋＋＋＋＋＋＋＋

山にはいくつもの登山口があるように、目標に進む方法をいくつも想定しています。変化に強くて、機転がきいて分析能力も高い人です。

＋＋＋＋＋＋＋＋＋＋＋

人の能力や才能を見抜く力があって、教え上手で人を導けるので、人のやる気を起こさせる力は九星一！　小さなことを気にせずおおらかで、時間がかかっても待ち続けられるので、人を育てるのが上手です。曲がったことが大嫌いな義理人情派で、けんかの仲裁やクレーム処理も得意！

＋＋＋＋＋＋＋＋＋＋＋

誰に対しても面倒見がいい姉御タイプ。度胸があって腹が座っているので安定感抜群！　不屈の精神をもっていて、夢とロマンを追いかけます。力強くてリーダーシップがあるので、しっかりしているように見えますが、実は人に甘える一面もあります。

八白土星 の 長所

* クレーム処理がうまい
* 目標に向かう力が強い
* 変化に強く、機転がきく
* 分析能力が高い
* 平和主義

八白土星 の 短所

* 大風呂敷を広げすぎて閉じられない
* 高飛車な甘えん坊
* 上から目線で人を見下すことも
* 気分屋なところがある
* 空気が読めない

八白土星 と 相性のいいボーイズ

二黒土星　**五黄土星**　六白金星　七赤金星　八白土星　**九紫火星**

愛情運

ゆっくりじっくりと愛を深め、家庭を大事にします。美しいヒップラインが、愛情運UPのポイント。♥ ♥

金　運

しっかりとした経済観念があるのに、捕らぬ狸の皮算用になりがちな人。若いうちにコツコツと貯蓄し、蓄えたお金で実力を身につけて、実力で勝負することが金運をUPしてくれます。

幸せ 開 運 ポイント

∞ ———————————————————— ∞

目標を設定することが大事

目標がないと動けないので、目標を設定しましょう！　目標さえ定まれば、さまざまな能力があるので、あの手この手を駆使して達成できます。

過去の失敗を引きずらない

過去を振り返って、後悔ばかりをする八白土星の人は運勢を崩しやすくなってしまいます。失敗を引きずらないで、何事も経験だと前向きにとらえましょう。

自分のルーツを大事にする

「引き継ぐ」「つなぐ」の役割をもっているので、お墓参りなどの先祖供養を大切にしましょう。
また、家が最強のパワースポットになるので、居心地のよい家づくりも心がけましょう。

∞ ———————————————————— ∞

ファッション＆美容の Point!

☑ 背が高く見えるファッション

八白土星さんは山にたとえられるので、ヒールの高い靴や厚底を履いたりして、背が高く見えるファッションがおすすめ！

☑ 存在感のあるファッション

オーバーサイズのコート、大きめのTシャツなど、サイズの大きい服も存在感が出るのでぴったり。

☑ 伝統のある着物を着こなす

「継ぐ」役割をもつ八白土星さんには、日本の伝統でもある着物もおすすめです。

☑ 関節をほぐす

首は頭と身体をつないでいるので、首やデコルテなどのネックケアが大事。コリをほぐしたり、ストレッチで首を長く見せたりしてみてください。

Chie からのアドバイス！

目標があれば不屈の精神を持ち、どんな障害でも乗り越えようとするけれど、GOAL を見失うと無気力でブレブレになってしまう一面があります。目先よりも遠いところを見てみましょう。

あなたへの【Power Word】

「動かざること山のごとし」

どんな迷いの道に入ってもどんなに時間がかかっても山のようにどっしり構えていてください。この言葉を信じて明るい未来をイメージし人生の夢とロマンを追い求めましょう。

氣学9ガールズ
KIGAKU・NINE・GIRLS

九_{きゅう}紫_し火_か星_{せい}

華やかさがあり、
みんなの憧れの的
美的センスがあり、
インスピレーションを
大事にする感覚派

--- COLOR ---
テーマカラー

赤

紫

--- JOB ---
向いている職業

モデル
美容業
医師

直感で生きていく感性派
華やかさが
まぶしい人気者

新しいものに敏感で情報収集能力が高くて、先見の明がある人です。頭の回転がよく頭脳明晰で、決断力や行動力もあります。

✦✦✦✦✦✦✦✦✦✦

情熱的で物事に夢中になると、人並外れた集中力を発揮しますが、熱しやすく冷めやすい面もあります。

✦✦✦✦✦✦✦✦✦✦

直感力やヒラメキが強くて、人とは少し違った感覚をもっています。
人と同じなのが好きじゃない、人と群れない一匹狼のような一面ももっています。

✦✦✦✦✦✦✦✦✦✦

九紫火星の人は華やかで情熱的。美意識も高く、表情や目の輝きがあり、パッと目を引くような目立つ人が多いので、美男美女が最も多い星でもあります。

✦✦✦✦✦✦✦✦✦✦

我慢強くてプライドも高いので、なかなか自分の弱音を人に見せません。外では常に笑顔を見せて家に帰ってこっそり泣いていることもあるでしょう。

九紫火星 の 長所

* 美的センスや芸術センスがある
* 頭の回転が速い
* 未来型で先を見通している
* 決断力や行動力がある
* 華やかなので、憧れられやすい

九紫火星 の 短所

* 感情の起伏が激しい
* 人と対立しやすい
* 人を見下してしまうところがある
* 謝るのが苦手
* 好き嫌いが激しい

九紫火星 と 相性のいいボーイズ

二黒土星　三碧木星　四緑木星　**五黄土星**　八白土星　九紫火星

愛情運

知的さと華やかさが九紫火星さんの魅力。
イケメン好きで、常に恋する乙女なところが
あります。

金　運

自分にも人にも大胆にお金を使う人。いくつ
かの収入源をもつと金運が安定します。見栄
にお金を使ってしまいがちなので、収支のバ
ランスを考えて分相応を心がけて。

79

幸せ 開運 ポイント

白黒はっきりさせない

正義感が強く、物事を白か黒か、正しいか正しくないか、はっきりさせたい傾向が強いので、人と対立しやすいです。無理に白黒つけず、グレーゾーンをもっておきましょう。

明るくしていること

未来に向かう先導者の役割をもっている火の星なので、とにかく明るくいることが大事！　自分を磨いて輝かせながら、まるで灯台のように周りの人たちの行く先も照らしましょう。

情熱を注げるものを見つける

ひとつでもいいから、オタクのように夢中になれるものがあると運気が上がります。これだけは誰にも負けない熱中できるものを探してみましょう。

ファッション＆美容の Point!

☑ 最先端のファッション

流行に敏感な九紫火星さんは、海外の最先端ファッションが似合います。人と違う個性的なものがおすすめ！　アシンメトリー（非対称）とも相性がいいので、洋服や髪型などに取り入れるのも吉。

☑ アイメイク

目力のあるキラキラした目元が鉄則。アイシャドーやまつげなどアイメイクで演出してみてください。

☑ 目のお手入れ

バターオイルを目に浸し、目の奥の汚れを浮き出すネトラバスティなど、目のお手入れもおすすめ！

☑ ヘッドスパ、頭皮マッサージ

頭脳も九紫火星さんを象徴するもの。髪ではなく頭皮ケアをしておくと運気が上がります。

Chie からのアドバイス！

決断力と抜群の行動力で色んなことに興味を持つものの、熱しやすく冷めやすいので忍耐力がなく、器用貧乏になってしまう一面があります。本気で熱中できることを見つけましょう。

あなたへの【Power Word】
「情熱を燃やせ！！！！」

1％の可能性にかけて打ち込む半端ない集中力と熱量があれば、どんな未来も手に入れられる。 この言葉を信じて明るい未来をイメージし、あなたが本気で打ち込める夢に向かってオリジナルの人生を手に入れましょう。

COLUMN

これから始まる 新しい時代

九星氣学風水では20年ごとに変わる氣の流れをベースに、180年を一つの周期とする「三元九運論」というものがあります。

2023年の今、私たちは八白土星が担当する「変化と改革」の第八運の運気の中にいます。
この八運を生きるコツは変化を受け入れてチャンスととらえることです。

私たちは近年の、新型コロナウィルスの蔓延によって、当たり前の日常も当たり前でなくなり、生活環境を変えなければならなくなりました。

それは、 第八運の氣の流れの中の「破壊と再生」から人生のシナリオを書き換えることができる大きなチャンスでもあると思うのです。

COLUMN

新しい時代に向けて まずやらなければいけないこと

2024年から私たちは180年周期の最後の周期にあたる、第九運の20年を迎えます。

革命期のクライマックスを迎え、新しい時代の人生の扉を開きます。第九運は思いのままに自由自在に生きる、未来型へのシフトチェンジ。このタイミングで私たちがやらないといけないことは何なのか?

あなたに最初にしてほしいことは「捨てる」ことです。

自分らしく思いのままに生きるために、なりたい自分になるために、第九運では「まず捨てること、手放すこと」が求められます。

今の自分は過去の記憶の再現をしています。まずはこの過去の自分を繰り返してしまう過去型から、未来型にシフトチェンジしなくてはなりません。

COLUMN

それが第九運に向けての準備なのです。

具体的には、

★ 家の中、職場で使っていないもの、古くなって壊れかけているものを捨てる。

★ いつも着ないけど、いつか着るからと、クローゼットに大事にとってある洋服やバッグなどを捨てる。
※リサイクルはOK

★ スマホやタブレットの「アプリ」や「写真」「アドレス」の不要なデータを捨てる。

これらを整理整頓することが、新しい時代を生きるための最初の準備となります。

氣学９ガールズ
KIGAKU・NINE・GIRLS

第３章

あなたの最大吉方は？

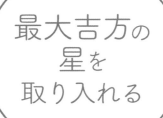

最大吉方の
星を
取り入れる

最大吉方は、複数ある吉方と言われる星の中で

**最も自分を幸せにしてくれる
「吉のエネルギー」です。**

自分に不足しているエネルギーを補い、全体のエネルギー値を高めることで、あなたを最大限に活かしてくれる星なのです。

最大吉方を生活に取り入れると、今までの縁が変わったり、自分らしく生きられたりと、進むべき道がわかって、人生の指針を手に入れることができます。

⭐ **最大吉方の星を本命星に持つ人は、あなたの人間性を向上させてくれる人です。**
【最大吉方の星の調べ方は89ページ参照】

⭐ **最大吉方が担当する食べ物は、自分自身のラッキーフードです。最大吉方の食べ物を好んでよく食べている方は、良い運気の流れに乗れています。**

⭐ **最大吉方が担当する数字は、自分自身のラッキーナンバーです。車のナンバー、電話番号、暗証番号などに使いましょう。**

数字が並ぶ先頭か最後に、最大吉方の数字を使いましょう。新幹線の座席や、ホテルの部屋番号などの数字が、最大吉方と偶然一致するときは、運気がUPしているときです！

月命星早見表 最大吉方を見つけよう!!

自分の本命星と生まれた日付で〝月命星〟を探しましょう!

本当の〝月命〟を調べるために、生まれた年の節替り※を調べる必要があります。

※月の切り替わる時間。例えば3/6生まれの場合何時に生まれたかによって3/5生まれになる場合があります。切り替えの日に生まれた人は「節替り」を調べる必要があります。

生まれ日 / 本命星(ガール)	1 4 7 一白 四緑 七赤	2 5 8 二黒 五黄 八白	3 6 9 三碧 六白 九紫	生まれ日が節替り前後の日※
2月 寅 2/4~3/5	8 八白	2 二黒	5 五黄	2/4、2/5、3/5 生まれの方
3月 卯 3/6~4/4	7 七赤	1 一白	4 四緑	3/6、3/7、4/4 生まれの方
4月 辰 4/5~5/5	6 六白	9 九紫	3 三碧	4/5、4/6、5/5 生まれの方
5月 巳 5/6~6/5	5 五黄	8 八白	2 二黒	5/6、5/7、6/5 生まれの方
6月 午 6/6~7/6	4 四緑	7 七赤	1 一白	6/6、6/7、7/6 生まれの方
7月 未 7/7~8/7	3 三碧	6 六白	9 九紫	7/7、7/8、8/7 生まれの方
8月 申 8/8~9/7	2 二黒	5 五黄	8 八白	8/8、9/7 生まれの方
9月 酉 9/8~10/8	1 一白	4 四緑	7 七赤	9/8、9/9、10/8 生まれの方
10月 戌 10/9~11/7	9 九紫	3 三碧	6 六白	10/9、11/7 生まれの方
11月 亥 11/8~12/6	8 八白	2 二黒	5 五黄	11/8、12/6 生まれの方
12月 子 12/7~1/5	7 七赤	1 一白	4 四緑	12/7、12/8、1/4、1/5 生まれの方
1月 丑 1/6~2/3	6 六白	9 九紫	3 三碧	1/6、2/3 生まれの方

月命 ……子どものときに影響
同会 ……あなたが活躍するべき環境
傾斜 ……あなたの潜在意識や性格、適性

最々大吉方は
このマーク!!

1 本命星が 一白水星

これが最大吉方

月命	同会	傾斜	最大吉方
1 一白	二黒	六白	三碧・四緑
2 二黒	九紫	四緑	六白・七赤
3 三碧	八白	三碧	四緑
4 四緑	七赤	二黒	三碧
5 五黄	六白	一白	六白・七赤
6 六白	五黄	九紫	七赤
7 七赤	四緑	八白	六白
8 八白	三碧	七赤	六白・七赤
9 九紫	二黒	六白	三碧・四緑

2 本命星が 二黒土星

これが最大吉方

月命	同会	傾斜	最大吉方
1 一白	三碧	六白	六白・七赤
2 二黒	七赤	一白	八白・七赤
3 三碧	一白	四緑	九紫
4 四緑	九紫	三碧	九紫
5 五黄	八白	二黒	九紫・八白・六白・七赤
6 六白	七赤	一白	八白・七赤
7 七赤	六白	九紫	八白・六白
8 八白	五黄	八白	九紫・六白・七赤
9 九紫	四緑	七赤	八白

本命星が 三碧木星

これが最大吉方

月命	同会	傾斜	最大吉方
1 一白	五黄	七赤	四緑
2 二黒	四緑	六白	九紫
3 三碧	二黒	四緑	一白・九紫
4 四緑	二黒	四緑	一白・九紫
5 五黄	一白	三碧	九紫
6 六白	九紫	二黒	一白
7 七赤	八白	一白	一白
8 八白	七赤	九紫	九紫
9 九紫	六白	八白	四緑

本命星が 四緑木星

これが最大吉方

月命	同会	傾斜	最大吉方
1 一白	七赤	八白	三碧
2 二黒	六白	七赤	九紫
3 三碧	五黄	六白	一白・九紫
4 四緑	五黄	六白	一白・九紫
5 五黄	三碧	四緑	九紫
6 六白	二黒	三碧	一白
7 七赤	一白	二黒	一白
8 八白	九紫	一白	九紫
9 九紫	八白	九紫	三碧

本命星が 五黄土星

これが **最大吉方**

月命	同会	傾斜	最大吉方
1 一白	九紫	九紫	六白・七赤
2 二黒	八白	八白	九紫・八白・六白・七赤
3 三碧	七赤	七赤	九紫
4 四緑	六白	六白	九紫
5 五黄	(女子)四緑 (男子)三碧	(女子)四緑 (男子)三碧	(女子)二黒・八白・七赤 (男子)二黒・六白・八白
6 六白	四緑	四緑	二黒・八白・七赤
7 七赤	三碧	三碧	二黒・六白・八白
8 八白	二黒	二黒	九紫・二黒・六白・七赤
9 九紫	一白	一白	二黒・八白

本命星が 六白金星

これが **最大吉方**

月命	同会	傾斜	最大吉方
1 一白	二黒	一白	七赤
2 二黒	一白	九紫	八白・七赤
3 三碧	九紫	八白	一白
4 四緑	八白	七赤	一白
5 五黄	七赤	六白	二黒・八白・七赤
6 六白	一白	九紫	八白・七赤
7 七赤	五黄	四緑	二黒・八白・一白
8 八白	四緑	三碧	二黒・七赤
9 九紫	三碧	二黒	二黒・八白

本命星が
七赤金星

これが
最大吉方

月命	同会	傾斜	最大吉方
1 一白	四緑	二黒	六白
2 二黒	三碧	**一白**	八白・六白
3 三碧	二黒	九紫	一白
4 四緑	一白	八白	一白
5 五黄	九紫	七赤	二黒・八白・六白
6 六白	八白	六白	二黒・八白・一白
7 七赤	六白	四緑	二黒・六白
8 八白	六白	四緑	二黒・六白
9 九紫	**五黄**	三碧	二黒・八白

本命星が
八白土星

これが
最大吉方

月命	同会	傾斜	最大吉方
1 一白	六白	三碧	六白・七赤
2 二黒	**五黄**	二黒	九紫・六白・七赤
3 三碧	四緑	一白	九紫
4 四緑	三碧	九紫	九紫
5 五黄	二黒	八白	九紫・二黒・六白・七赤
6 六白	一白	七赤	二黒・七赤
7 七赤	九紫	六白	二黒・六白
8 八白	九紫	六白	二黒・六白
9 九紫	七赤	四緑	二黒

本命星が
九紫火星

これが
最大吉方

月命	同会	傾斜	最大吉方
1 一白	八白	四緑	三碧・四緑
2 二黒	七赤	三碧	八白
3 三碧	六白	二黒	四緑
4 四緑	五黄	一白	三碧
5 五黄	四緑	九紫	二黒・八白
6 六白	三碧	八白	二黒・八白
7 七赤	二黒	七赤	二黒・八白
8 八白	一白	六白	二黒
9 九紫	八白	四緑	三碧・四緑

93

開運
バランス
チェック表

**本命星の特徴を
うまく発揮できていないときには、
最大吉方を取り入れよう!**

ここでチェック表をご用意しました。

最近なんだか運が良くない……、物事がうまくい
かない……と思ったら、このチェック表でバラン
スを見てみてください。

あなたの持っている個性には、吉作用と凶作用の
両面が存在します。もし、右側の凶作用が多く出
ているときは、気のバランスが崩れているときか
もしれません。

最大吉方を取り入れることで、運気を補うことができます。バランスを崩しているときは意識して、最大吉方を取り入れてみましょう。

右側と左側の項目を見てください

今のあなたはどちらに当てはまりますか？

右側が多く当てはまる方は、本来のあなたが発揮 されていないかもしれません。

そんなときには、あなたの最大吉方のラッキーカラーやラッキーフードを取り入れてみましょう。

今あなたはどんな状況ですか？
当てはまるものをチェックしてみてください。

一白水星さんのチェック表

	○ 吉作用	× 凶作用
✓		
項目	優しく面倒見がいい	ひがみやすく人と比べる
✓		
項目	色白美人	疑い深い
✓		
項目	コミュニケーション上手	軽はずみに 何も考えず行動する
✓		
項目	細やかな気配りができる	人の気持ちに鈍感
✓		
項目	聞き上手	不愛想
✓		
項目	空気を読み状況に 合わせられる	頑固で自分を押し付ける
✓		
項目	冷静さがある	口論になる事が多い

二黒土星さんのチェック表

	◯ 吉作用	✕ 凶作用
✓		
項目	周りに沢山人がいる	変化に抵抗する
✓		
項目	支えるタイプ	人に任せるのが苦手
✓		
項目	見返りを求めず尽くすことができる	リーダーシップをとりたがる
✓		
項目	アドバイスしてくれる人がいる	行き当たりばったりで計画性がない
✓		
項目	静かで温厚	利害関係を優先し、なくなれば切り捨てる
✓		
項目	ゆっくり進む牛歩タイプ	早口になる
✓		
項目	生活の基盤がしっかりしている	人に恐いと言われる

三碧木星さんのチェック表

	◯ 吉作用	✕ 凶作用
✓		
項目	常に好奇心を持ち新しいことにチャレンジする	学ぶことが嫌い
✓		
項目	ドキドキワクワクする気持ちを大切にする	声が小さく何を言っているかわからない
✓		
項目	早起きをする	うそをつく
✓		
項目	明るく声が大きい	好き嫌いが激しい
✓		
項目	友達や仲間が多い	調子に乗って声が大きくなりすぎる
✓		
項目	フットワークが軽くノリがいい	大事な約束や恩義まで忘れてしまう
✓		
項目	行動が早い	家にひきこもる

四緑木星さん**のチェック表**

	○ 吉作用	× 凶作用
✓ 項目	第一印象がよく、話しかけやすい雰囲気を持っている	身内にワガママでワンマン
✓ 項目	目上の人に可愛がられる	好き嫌いが激しい
✓ 項目	面倒見がいい	片付けができない
✓ 項目	人やお金が集まりやすい	優柔不断
✓ 項目	従順である	噂話が好き
✓ 項目	時間を守る	時間にルーズ
✓ 項目	フットワークが軽い	態度が横柄になる

五黄土星さんのチェック表

	○ 吉作用	× 凶作用
✓		
項目	パワーがあり周りに影響力がある	雰囲気がこわもて
✓		
項目	度胸と実行力がある	好き嫌いが激しい
✓		
項目	相手が誰でも動じない	無表情で自信がない
✓		
項目	コツコツ地道に努力する	執念深い
✓		
項目	笑顔で明るい	強引
✓		
項目	人を頼れる	マイペース過ぎる
✓		
項目	周りに人が多い	何でも自分でやる

六白金星さんのチェック表

	◯ 吉作用	✕ 凶作用
✓		
項目	積極的で行動力がある	人の意見を受け入れない
✓		
項目	周りを見ながら行動できる	威圧的で強引さが目立つ
✓		
項目	明るく存在感がある	優しさにかける
✓		
項目	意思がはっきりしている	言い過ぎてしまう
✓		
項目	理想が高いアイデアマン	せっかち
✓		
項目	結果が出るまで全力投球	自分のルールを崩されることを嫌う
✓		
項目	面倒見がいい	時間にルーズ

七赤金星さんのチェック表

	◯ 吉作用	✕ 凶作用
✓		
項目	お金の使い方が上手	文句や注文、批判が多い
✓		
項目	多趣味で多才	好き嫌いが多い
✓		
項目	社交的で聞き上手	自分の非を認めない
✓		
項目	ミスをしても周りから許される愛嬌がある	責任や義務が嫌い
✓		
項目	前に出たがらない	雰囲気だけで実行しない
✓		
項目	人を喜ばせることが好き	時間にルーズ
✓		
項目	食べることが好き	ケチ

八白土星さんのチェック表

	○ 吉作用	× 凶作用
✓		
項目	存在感・安心感がある	過去の失敗や恨みを引きずる
✓		
項目	背が高く美人	新しいことをはじめるのが苦手
✓		
項目	タイミングがいい	空気が読めない
✓		
項目	気前がいい	プライドが高く頭が下げられない
✓		
項目	育て上手・教え上手	いつも周囲より上にいたがる
✓		
項目	リーダーシップをとっている	命令口調になる
✓		
項目	大胆な性格で神経質でない	目標がない

九紫火星さんのチェック表

	○　吉作用	×　凶作用
✓		
項目	表情が明るく目が キラキラ輝いている	頭を下げられない
✓		
項目	美意識が高い	熱しやすく冷めやすい
✓		
項目	人に頼られることが好き	感情が高ぶると顔に出る
✓		
項目	尊敬する師や先輩がいる	短気でイライラしやすい
✓		
項目	神社仏閣に行く	メンツと意地にこだわる
✓		
項目	外見的におしゃれで スマート	相談せず一人で答えを出す
✓		
項目	勉強や資格が好き	外見にこだわらない

氣学9ガールズ
KIGAKU・NINE・GIRLS

一白水星 を 最大吉方 にもつ人

※自分の九星（本命星）ではなく
最大吉方の星をご覧ください（P89）

一白水星を
最大吉方に
もつ人の特徴

一白水星を最大吉方にもつ人は、人づきあいが苦手な面倒くさがりさん。

✦✦✦✦✦✦✦✦✦✦

人とのコミュニケーションを面倒くさがり、人づきあいが苦手なため洞察力が足りないところがあります。物事の表面だけを見て、言葉や態度に隠されている裏側を見ない傾向にあるので、だまされやすい一面もあります。

✦✦✦✦✦✦✦✦✦✦

忍耐力や我慢が足りない！ 少し飽きっぽい一面があり、楽なほうへ流されがちです。計画性があまりなく、行き当たりばったりの行動をしてしまいます。

✦✦✦✦✦✦✦✦✦✦

話に耳を傾けて、丁寧なコミュニケーションを心がけると運気はグッとUPします。

LUCKY COLOR

| 白 | 黒 |

LUCKY な ✦ 場 所 ✦

☑ 水族館
水の中で美しく泳ぎ続ける魚は一白水星さんの持つエネルギーそのもの。立ち止まらず自由に動き続ける自分の姿を想像してみて。きっとココロが解放されるはず。

☑ 海
穏やかな海からは癒しのパワーを、力強い大波の海からはチャレンジするパワーを！　どんなときも海はパワースポット！

☑ 温泉
孤独を感じ、ココロが冷たく閉ざされたときは温めるのが効果抜群！　温かく優しいお湯が心も体も癒してくれるはず。代謝も上がりココロと体と運のデトックス効果も大！

☑ 静かなバー
静かなバーでお酒を飲んでリラックスした一人の時間を過ごしましょう。

LUCKY な ✦ 食べ物 ✦

☑ 水
何より水が大事。ミネラルウォーターにはこだわってみましょう。身体や運が冷えて滞らないように常温で飲むのがおすすめです。

☑ 魚介類・海産物
水に関わる食べ物ももちろん吉！　魚類やヒジキなどの海藻類を取り、川や海、水のエネルギーでパワーUP。

☑ 調味料、油
流れる液体は、どんな時でも動きを止めず進んで行くための潤滑油。

☑ 白い食べ物
お豆腐やイカのような真っ白な食べ物を取り入れてみてください。心も運もリセットされてモヤモヤが解消されます。

LUCKY な ✦ アイテム ✦

☑ ドット（水玉）
水のエネルギーの象徴である「水玉」。
可愛らしいデザインからクールなデザインまですべて OK！

☑ リボン
リボンは人と人をつなぐ象徴のモチーフ。
人を大事に、人に優しく絆を深めて幸運を運んできます。

☑ ビーズアクセサリー
穴に糸を通して作るビーズアクセサリーは動きが止まっていることに風穴をあけてくれます。先を見通せる透明度の高いビーズがおすすめ。

☑ パンダモチーフ
白黒模様のパンダは、最高のラッキーアイテム！

Chie からのアドバイス！

人とコミュニケーションをとって、話すことを面倒くさがらないことが大事！

「めんどくさい」っていう口癖は封印しましょう。

そして、水の力を借りること。常に良質な水を飲み、水回りのお掃除を徹底しましょう。

二黒土星を最大吉方にもつ人

※自分の九星（本命星）ではなく
最大吉方の星をご覧ください（P89）

二黒土星を 最大吉方に もつ人の特徴

二黒土星を最大吉方にもつ人は、男勝りのおおざっぱな肝っ玉母ちゃん。

＋＋＋＋＋＋＋＋＋＋＋

本当は優しく面倒見がいい人なんですが、人や事柄に対して好き嫌いが多く、ちょっとぶっきらぼうでおおざっぱ。気配りが足りないところがあります。

＋＋＋＋＋＋＋＋＋＋＋

そしてこだわりをもち過ぎていて自分の考えだけで物事を動かそうとしてしまい、相手の話を聞かない頑固者になりがちです。
また、頭の中が整理できず時間にゆとりがなく、スケジュール管理が苦手な人も多いです。

＋＋＋＋＋＋＋＋＋＋＋

あせらず慌てず、ゆとりある柔軟さを心がけることで、運気はグッとUPします。

LUCKY COLOR

黄　こげ茶

LUCKY な ✦ 場 所 ✦

☑ 庭園
高い建物がなくて見通しのよい庭園がおすすめ！　散歩して気分転換するのもいいですね。

☑ ゴルフ場
土の上を歩きながらプレイができるゴルフ場は、大地のエネルギーを取り入れやすく、のびのびできる最高の場所！

☑ 畑
コツコツ育てることが大事。種をまいて作物を育てる畑は、マイフィールド。ベランダ菜園などで野菜を育てるのもおすすめです。

☑ 野球場
土が敷き詰められた野外の野球場もおすすめ！　空が高くて広々としている場所で、モヤモヤした気持ちもすっきりするでしょう。

LUCKY な ✦ 食べ物 ✦

☑ 和菓子
和み系の二黒土星さんのパワーを感じられる和菓子。考えすぎて疲れたときは、あんこやお団子でホッと一息つきましょう。

☑ パン、おにぎり
大地で育った麦、米は最強のパワーフード。色々なことや人を受け入れやすくなります。

☑ 根菜
にんじん、ごぼう、じゃがいもなど土の中で育つ根菜。身体を温める効果も期待できて栄養も満点！

☑ おみそ汁
発酵食品は土星の象徴。毎日の活力になるでしょう。

LUCKY な ✦ アイテム ✦

☑ あみぐるみ
毛糸で編んだぬいぐるみ。ニットのお洋服もおすすめです。

☑ 和柄の小物
レトロな和柄の入った小物で女性らしい雰囲気を取り入れましょう。

☑ ガーデングッズ
育てることが開運行動。じょうろやスコップなどガーデングッズを揃えて植物を育ててみましょう。

☑ 陶器
土が原材料である陶器がおすすめ。気に入った陶器を集めて、安らぐ食卓を演出しましょう。

Chie からのアドバイス！

思いやりのココロと謙虚さを持ち、やわらかい雰囲気を身につけて「**おかげさまで**」と常に周囲に感謝しましょう。

そして大地の力を借りること。

調理道具はできるだけ陶器を使い、キッチンのお掃除を徹底しましょう。

三碧木星を最大吉方にもつ人

※自分の九星（本命星）ではなく
最大吉方の星をご覧ください（P89）

三碧木星を
最大吉方に
もつ人の特徴

三碧木星を最大吉方にもつ人は、石橋をたたきすぎて壊しちゃう慎重さん。

+ + + + + + + + + + +

色々やってみたいことはあるものの、考えがネガティブになりがちで、まだ起きてないことに不安になってしまい心配性でなかなか行動に移せません。

+ + + + + + + + + + +

失敗を恐れてチャレンジから逃げてしまいがち。取り越し苦労が多い傾向にあります。

+ + + + + + + + + + +

また、自分の感情を表現するのが苦手で、言葉が少なく周囲から不愛想な人と誤解されることも。
小さなことからでも、とりあえずやってみることで運気がグッとUPします。

LUCKY COLOR

水色　　青

LUCKY な ✦ 場所 ✦

☑️ **ライブハウス**
三碧木星さんを象徴する音のある場所。ライブハウスで無邪気にはしゃぐと心も体も解放されて元気がでます。

☑️ **カラオケ**
明るく大きな声を出すのがGOOD。声を思いきり出せるカラオケで楽しんでみましょう。

☑️ **サーカス**
楽しくて音のある場所が良いので、観客の歓声やショーを楽しめるサーカスはぴったりです!

☑️ **劇場**
演劇やミュージカル、ライブなどが行われる劇場は最高の開運スポットです。

LUCKY な ✦ 食べ物 ✦

☑️ **レモンなどの柑橘系の果物**
酸味のある食べ物がGOOD。レモンや柑橘系の果物を、料理に取り入れてみましょう。活動的になります。

☑️ **梅干し**
すっぱい梅干しも三碧木星さんの象徴。冷蔵庫に常備しておきましょう。

☑️ **酢の物**
きゅうりの酢の物など、酢が多く使われている料理もおすすめです。

☑️ **ソーダ、炭酸**
口の中をスッキリとさせてくれるソーダや炭酸の活発な動きではつらつとした勇気がわきます。

LUCKY な ✦ **アイテム** ✦

☑ **鈴**

持ち歩くときれいな音がする鈴。キーケースや小物入れなどに
つけてみて。

☑ **ミツバチ**

ミツバチは三碧木星さんの象徴。ミツバチをモチーフにしたア
クセサリーや、ミツバチが刺繍された小物もおすすめ。

☑ **音符**

音符をモチーフにした置物や雑貨なども、三碧木星さんを象徴
する音を連想するラッキーアイテム。

☑ **ヘッドホン**

ヘッドホンやイヤホンにこだわるなど、音を聞く環境を整えて
みましょう！

Chie からのアドバイス！

すべては必然！ チャレンジす
ること、どんなことでも言葉に
してみることがすごく大事！
**「美味しい」とか「嬉しい」とか、
感情をどんどん言葉にしてアウ
トプットしていきましょう。**

そして三碧木星のエネルギーで
もある雷の力を借りること。電
化製品、特にTVやオーディオ
など音の出る電化製品を徹底し
てお掃除しましょう。

117

四緑木星 を 最大吉方 にもつ人

※自分の九星（本命星）ではなく
最大吉方の星をご覧ください（P89）

四緑木星を最大吉方にもつ人の特徴

四緑木星を最大吉方にもつ人は、小さな世界で満足してしまう井の中の蛙さん。

＊＊＊＊＊＊＊＊＊＊

好き嫌いが多く素直になりすぎて、周囲にあわせられずに協調性が弱く、自分勝手でマイペース。

＊＊＊＊＊＊＊＊＊＊

本当は広い世界を作れるのに小さくまとまってしまいがち。でも、なんだか物足りないと常にモヤモヤ迷っています。

＊＊＊＊＊＊＊＊＊＊

また、お片付けが苦手で、頭の中もお部屋も整理整頓がうまくできません。部屋の中をすっきりさせて、思考や心もスッキリさせたら運気がグッとUPします。

LUCKY COLOR

| 黄緑 | 緑 |

LUCKY な ◆ 場 所 ◆

☑ 空港
どこにでも行ける飛行機が飛び立っていく空港は、四緑木星さんの風のエネルギーを取り入れられる場所。

☑ 駅
さまざまな場所に線路がつながっている駅も、ラッキースポット！

☑ 森の中
緑が活力となる四緑木星のエネルギーは、自然と触れ合うことが大事。森の中を歩いて森林浴するのもおすすめです。

☑ アロマサロン
風に乗って運ばれる香り。よい香りのする場所は最高の開運スポットです。

LUCKY な ◆ 食べ物 ◆

☑ しょうが
爽やかな香りがして、くさみを消すしょうが。モヤモヤが解消されて心が明るくなります。

☑ にんにく
食事にパンチを与えてくれて、食欲をそそる香りのするにんにくはぴったりです。運に刺激が与えられます。

☑ パクチー
パクチーのような香味野菜も好相性。エスニックな料理と合わせるのも GOOD。

☑ 麺類
長い食べ物は最強のパワーフード。パスタやそば、うどんなどの麺類を取り入れましょう。長く続くご縁が Get できるでしょう。

LUCKY な ✦ アイテム ✦

☑ 香水

よい香りをさせていることがとても大事！ 自分の好きな香り
をまとってみましょう。

☑ 風船

風になびいてぷかぷかと浮く風船は、四緑木星さんの風のエネ
ルギーを象徴しています。自由自在に飛びまわる力が得られま
す。

☑ 天使

天使がモチーフの雑貨は可能性を広げてくれます。

☑ うちわや扇子

風をおこす役割をもつ、うちわや扇子。暑い季節は持ち歩いて
みましょう。

Chie からのアドバイス！

小さい世界で満足せずに、
沢山の人と会い、いろんな
場所に行ってみることが大
事！
**自分の可能性を信じて、
もっと広い心で視野を広げ
ていきましょう。**

そして風の力を借りること。
風が出入りする玄関や窓を
徹底してお掃除してみて。

六白金星を最大吉方にもつ人

※自分の九星（本命星）ではなく
最大吉方の星をご覧ください（P89）

六白金星を最大吉方にもつ人の特徴

六白金星を最大吉方にもつ人は、自信がなくてプレッシャーに弱い逃げ腰さん。

◆◆◆◆◆◆◆◆◆◆◆

「大きなことをやらなくては」と大きなところを見過ぎてしまい、責任があるようなことを任されると、実力はあるのにプレッシャーを感じて「私には無理！」と逃げてしまいがち。

◆◆◆◆◆◆◆◆◆◆◆

また、自分の知る範囲だけで物事を進めようとして小さくまとまりがち。充実感や人生の生きがい、やりがいを探し続けて常に何かを探している人も多いです。

◆◆◆◆◆◆◆◆◆◆◆

何かの責任を背負い、努力することで運気がグッとUPします。

LUCKY COLOR

ゴールド　シルバー

LUCKY な ✦ 場所 ✦

☑️ **神社・仏閣**

六白金星さんのもつ天のエネルギーを取り入れてみましょう。
神社・仏閣とも縁が深いです。

☑️ **お城**

お城はリーダーシップや上昇する氣を高めてくれます。

☑️ **競技場**

プレッシャーに打ち勝つ強い心を与えてくれます。

☑️ **高級ホテル**

ラグジュアリー感が大切な六白金星さんには、高級ホテルのラ
ウンジでくつろぐのもおすすめです。

LUCKY な ✦ 食べ物 ✦

☑️ **小籠包**

包まれている食べ物は、六白金星さんを象徴する最強のパワー
フード。

☑️ **天ぷら**

衣に包まれている、天ぷらもおすすめです。

☑️ **フカヒレ**

高級食材は六白金星さんの氣を底上げしてくれます。フォアグ
ラ、キャビアなどもおすすめです。

☑️ **秋の果物**

秋の実りのエネルギー。充実した日々を与えてくれるでしょう。

LUCKY な ✦ アイテム ✦

☑ パワーストーン
鉱物の力は最強のパワーエネルギー。直感で石を選んでみましょう。

☑ 時計
動き続ける時計は運を良い方向へと動かします。高級な腕時計がおすすめ！

☑ ロケット
ロケットをモチーフにした雑貨などを探してみましょう。上へ上へと可能性が広がります。

☑ 星や月、太陽
天体に輝いている星や月。人生の輝きを与えてくれます。

Chie からのアドバイス！

自分の想定した範囲内で行動せず、何か責任のある大きなことを頼まれたときは「**私はできる！**」と信じて思いきって**引き受けてみましょう**。

そして天の力を借りましょう。神社仏閣にお参りに行き、家の神棚もしっかりお掃除をしてご挨拶してみて。

七赤金星を最大吉方にもつ人

※自分の九星（本命星）ではなく
最大吉方の星をご覧ください（P89）

七赤金星を最大吉方にもつ人の特徴

七赤金星を最大吉方にもつ人は、物事を批判的に受け止めてしまう天邪鬼さん。

✦✦✦✦✦✦✦✦✦✦✦

人から褒められても「そんなことない」と素直に受け取らず、「手伝いましょうか？」と言われても助けてもらわない、そんな受け取り下手になりがちです。

✦✦✦✦✦✦✦✦✦✦✦

また、言葉にとげがあったり、一言多かったりすることが多々あり、笑顔が少なくなることもあります。

✦✦✦✦✦✦✦✦✦✦✦

人の役に立ちたい気持ちが強いものの、表現方法が不器用で言葉が足りません。言葉の表現方法をプラスに変えると、運気がグッとUPします。

LUCKY COLOR

ピンク　オレンジ

LUCKY な ✦ 場 所 ✦

☑ レストラン
「食」は七赤金星さんの象徴。誰と食べるかも大事です。美味しい食事をして楽しく過ごしましょう。

☑ カフェ
カフェで一息つく時間はゆっくりゆとりを与えてくれます。

☑ バー
お酒が好きな方なら、バーで楽しむのもおすすめ！

☑ ラウンジ
ラグジュアリー感のあるホテルのラウンジは豊かさを与えてくれます。

LUCKY な ✦ 食べ物 ✦

☑ 卵
さまざまな卵料理を食すことでアイデア力が高まります。

☑ キムチ、唐辛子
辛味は金星のエネルギー。苦手な方は少しだけ七味唐辛子を使ってみましょう。

☑ カレーライス
スパイスのきいた少し辛いカレーライスは運にも刺激を与えてくれ、充実感が高まります。

☑ 鶏肉
卵と組み合わせて、オムライスや親子丼もおすすめです。

LUCKY な ✦ アイテム ✦

☑ **お財布**

お金との縁を深めるために、お金の居場所であるお財布にこだわってみてください。

☑ **ハート**

可愛らしいハートをモチーフにした雑貨やハンカチなどを身につけると運気UP！

☑ **アクセサリー全般**

華やかなものと相性がいいので、アクセサリー全般がおすすめです！

☑ **パーティーグッズ**

人の集まる楽しい場所は明るい笑顔を増やしてくれます。パーティーグッズで楽しい時間を過ごして運気を取り入れよう！

Chie からのアドバイス！

物事も言葉も肯定的に受け止めて、素直に「ありがとう」と受け入れてみて。

笑顔が少なくなると幸せが遠ざかってしまうので、**明るい笑顔で毎日過ごしましょう**。

そして食の力を借りるのも大事！冷蔵庫の中は常に整理整頓して、清潔にお掃除して使いましょう。

気学9ガールズ
KIGAKU・NINE・GIRLS

八白土星 を 最大吉方 にもつ人

※自分の九星（本命星）ではなく
最大吉方の星をご覧ください（P89）

八白土星を
最大吉方に
もつ人の特徴

八白土星を最大吉方にもつ人はた
め込むことが苦手な飽き性さん。

＊＊＊＊＊＊＊＊＊＊＊

浪費グセがあってお金が貯まらな
かったり、仕事や勉強が長く続か
ずスキルがあがらないので実力が
なかなか身につきません。

＊＊＊＊＊＊＊＊＊＊＊

「もっともっと」と上を求めていく
向上心も低く、現状に満足してし
まいがちで変化することを恐れま
す。不満ばかりが溜まる場合もあ
ります。

＊＊＊＊＊＊＊＊＊＊＊

また、家族がとても大切で守りた
い気持ちはあるものの、家に帰ら
なかったり、ないがしろにしたり
してしまいがちです。人、スキル、
お金などを「貯める」ことを
意識すると運気がグッとUPし
ます。

LUCKY COLOR

黄　　ベージュ

LUCKY な ✦ 場所 ✦

☑️ **山**
山は八白土星さんのエネルギーの象徴。山歩きをして気分転換しましょう。

☑️ **老舗旅館**
伝統のある老舗旅館で過ごしてみるのがおすすめ！　引き継ぐ力が高まります。

☑️ **展望台**
展望台から街を見下ろす風景は壮大で、心を解放してくれます。

☑️ **橋**
場所と場所を繋ぐ橋は、あらゆる運をスムーズにしてくれる最強のパワースポット。

LUCKY な ✦ 食べ物 ✦

☑️ **ミルフィーユ**
積み重なって山が成るように、積み重なっている食べ物で運気がUP！

☑️ **魚のたまご**
イクラ、数の子は継承する力を高めてくれます。

☑️ **牛肉**
牛肉のパワーは障害を乗り越える力を与えてくれます。

☑️ **イモ類**
土の中に実るイモ類は、眠っている才能を掘りおこしてくれます。

LUCKY な ✦ **アイテム** ✦

☑ クマのモチーフ

クマは八白土星さんと相性のいいアイテム。クマのぬいぐるみやチャームなどがおすすめ！

☑ アニマル柄

ヒョウ柄・ゼブラ柄のお洋服や小物を取り入れるのもいいでしょう。

☑ パッチワーク

いくつかの布を縫い合わせたパッチワークは、ラッキーアイテムです。インテリアなどに取り入れてみてください。

☑ 積み木

さまざまな形のパーツを組み合わせて遊ぶ積み木も、運気を UP します！　積み上げるがキーワード。

Chie からのアドバイス！

停止を恐れず変化することがとても大事。

カーテンや家具を変えたり、髪型やファッションを変えたりと**日常に変化を取り入れましょう。**

そしてご先祖様の力を借りましょう。仏壇に手を合わせ、お墓参りには定期的にいきましょう。

九紫火星を最大吉方にもつ人

※自分の九星（本命星）ではなく
最大吉方の星をご覧ください（P89）

九紫火星を
最大吉方に
もつ人の特徴

九紫火星を最大吉方にもつ人は、手放すことが苦手で心がドロっとモヤモヤさん。

＋＋＋＋＋＋＋＋＋＋＋

ひとつのことを追求する情熱はあるものの、それが見つからずに常に思考やココロに不安や不満などのモヤモヤを抱えがちです。

＋＋＋＋＋＋＋＋＋＋＋

手放すことができず人から離れられなかったり距離間の取り方が苦手だったりして、不安で顔がくもりがち。情報を詰めこみ過ぎて頭がぐちゃぐちゃになっています。

＋＋＋＋＋＋＋＋＋＋＋

好奇心に火がつき、熱中することがあると運気がグッとUPします。

LUCKY COLOR

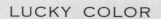

赤　　紫

LUCKY な ✦ 場 所 ✦

☑ **美術館**
美的センスにあふれた九紫火星さんを象徴する場所。アートに
触れることで感性が若返ります。

☑ **図書館**
書物が集まる図書館は知慧の宝庫。

☑ **エステサロン**
美容に関わる場所。リラックスしながら自分に磨きをかけてみ
ましょう。運にも磨きがかかります。

☑ **神社、仏閣**
上昇志向が高まり、ブレない軸を与えてくれる最強のパワース
ポット。

LUCKY な ✦ 食べ物 ✦

☑ **サンドイッチ・ハンバーガー**
外が硬くて、内側が軟らかいものがラッキーフード！

☑ **甲殻類**
硬い殻に覆われて、身の軟らかいカニやエビなどの甲殻類も吉。
明るい心が養われます。

☑ **コーヒー**
少し苦味のあるものと縁があるので、コーヒーはぴったり！　苦
味は火のエネルギーを高めてくれます。

☑ **ビターチョコレート**
チョコレートの中でも、少し苦味のあるビターチョコを選んで
みましょう。

LUCKY な ✦ アイテム ✦

☑ 星
星モチーフの雑貨は未来を明るく照らしてくれます。

☑ キャンドル
ゆらゆらと炎が揺れるキャンドルは火のエネルギーを高めてくれます。

☑ 絵画
アートと相性がいい九紫火星さん。気に入った絵をお部屋に飾ってみましょう。

☑ 写真やカメラ
お気に入りの風景や食べ物を撮影したり、写真を飾ったりするのもおすすめです。

Chie からのアドバイス！

趣味でも仕事でもいいけど、自分が熱量を注げるものを見つけることが大事！
ひとつのことにとらわれず、かっこつけず、**情熱を傾けられるものを探しましょう。**

そして火の力を借りましょう。照明が暗いと心も表情も暗くなります。照明は明るく、きれいにお掃除しましょう。

開運
おすすめ
神社

あなたの最大吉方の星に合わせて、おすすめの神社をピックアップしてみました。

なんだかうまくいかないとき、もっと運気をUPさせたいときなど、参拝に行ってみてはいかがでしょうか。
※最大吉方の星を参考にしてください。

大神神社　[おおみわじんじゃ]

住所｜奈良県桜井市三輪1422

一白水星	二黒土星	三碧木星	四緑木星
六白金星	七赤金星	八白土星	九紫火星

北野天満宮 [きたのてんまんぐう]

住所 | 京都府京都市上京区馬喰町

三碧木星　四緑木星　六白金星

熊野本宮大社 [くまのほんぐうたいしゃ]

住所 | 和歌山県田辺市本宮町本宮1110

七赤金星　八白土星　九紫火星

鹿島神宮 [かしまじんぐう]

住所 | 茨城県鹿嶋市宮中2306−1

三碧木星　四緑木星

愛宕神社 [あたごじんじゃ]

住所 | 京都府京都市右京区嵯峨愛宕町1

八白土星　九紫火星

春日大社 [かすがたいしゃ]

住所 | 奈良県奈良市春日野町160

一白水星　二黒土星　三碧木星　四緑木星
六白金星　七赤金星　八白土星　九紫火星

大麻比古神社 ［ おおあさひこじんじゃ ］

住所｜徳島県鳴門市大麻町板東字広塚13

`一白水星` `二黒土星` `三碧木星` `四緑木星`
`六白金星` `七赤金星` `八白土星` `九紫火星`

石鎚神社 ［ いしづちじんじゃ ］

住所｜愛媛県西条市西田甲797番地

`一白水星` `二黒土星` `三碧木星` `四緑木星`
`六白金星` `七赤金星` `八白土星` `九紫火星`

白山比咩神社 ［ しらやまひめじんじゃ ］

住所｜石川県白山市三宮町二105-1

`一白水星` `二黒土星` `三碧木星` `四緑木星`
`六白金星` `七赤金星` `八白土星` `九紫火星`

石清水八幡宮 ［ いわしみずはちまんぐう ］

住所｜京都府八幡市八幡高坊30

`一白水星` `二黒土星` `三碧木星` `四緑木星`
`六白金星` `七赤金星` `八白土星` `九紫火星`

宗像大社 ［ むなかたたいしゃ ］

住所｜福岡県宗像市田島2331

`三碧木星` `四緑木星` `六白金星` `七赤金星`
`八白土星` `九紫火星`

日枝神社　[ひえじんじゃ]

住所 | 東京都千代田区永田町2-10-5

四緑木星　六白金星　七赤金星　八白土星
九紫火星

諏訪大社　[すわたいしゃ]

住所 | 長野県諏訪市中州宮山1

一白水星　二黒土星　三碧木星　四緑木星
六白金星　七赤金星　八白土星　九紫火星

熱田神宮　[あつたじんぐう]

住所 | 愛知県名古屋市熱田区神宮1-1-1

一白水星　二黒土星　三碧木星　四緑木星
六白金星　七赤金星　八白土星　九紫火星

霧島神宮　[きりしまじんぐう]

住所 | 鹿児島県霧島市霧島田口2608-5

一白水星　二黒土星　三碧木星　四緑木星
六白金星　七赤金星　八白土星　九紫火星

明治神宮　[めいじじんぐう]

住所 | 東京都渋谷区代々木神園町1-1

三碧木星　四緑木星　六白金星　七赤金星
八白土星

141

宇佐神宮 ［ うさじんぐう ］

住所 | 大分県宇佐市南宇佐2859

一白水星　二黒土星　三碧木星　四緑木星
六白金星　七赤金星　八白土星　九紫火星

金華山　黄金山神社
［ きんかさん　こがねやまじんじゃ ］

住所 | 宮城県石巻市鮎川浜金華山5

六白金星　七赤金星　八白土星

金刀比羅宮 ［ ことひらぐう ］

住所 | 香川県仲多度郡琴平町892-1

一白水星　二黒土星　三碧木星　四緑木星
六白金星　七赤金星　八白土星　九紫火星

新屋山神社 ［ あらややまじんじゃ ］

住所 | 山梨県富士吉田市新屋4-2-2

六白金星　七赤金星　八白土星　九紫火星

鷲神社 ［ おおとりじんじゃ ］

住所 | 東京都台東区千束3丁目18-7

三碧木星　四緑木星　六白金星

八坂神社 ［ やさかじんじゃ ］

住所 ｜ 京都府京都市東山区祇園町北側625

一白水星　二黒土星　三碧木星　四緑木星
七赤金星　八白土星　九紫火星

多賀大社 ［ たがたいしゃ ］

滋賀県犬上郡多賀町多賀604

一白水星　二黒土星　四緑木星　六白金星

武雄神社 ［ たけおじんじゃ ］

住所 ｜ 佐賀県武雄市武雄町大字武雄5327

一白水星　二黒土星

熊野那智大社 ［ くまのなちたいしゃ ］

住所 ｜ 和歌山県東牟婁郡那智勝浦町那智山1

六白金星　七赤金星　八白土星　九紫火星

出雲大社 ［ いづもおおやしろ ］

住所 ｜ 島根県出雲市大社町杵築東195

一白水星　二黒土星　三碧木星　四緑木星
六白金星　七赤金星　八白土星　九紫火星

COLUMN

新しい時代に必要とされる「氣」

第九運に必要とされる「氣」は「火」のエネルギー。「火」のエネルギーの代表的な要素は「明るさ」です。明るい氣を発することが、2024年から始まる最大の第九運を生きるコツです!! !! !!

明るい氣を発するためのポイントは3つ!

内面から外側まで明るい気を発するには、「表情」「知恵」「心」の重要な3つのポイントがあります。この3つが揃うことで第九運の生きるコツである、「明るさ」を手に入れることができます。それでは順に見ていきましょう。

1 | 表情の明るさ

あなたの顔は、あなた自身を映し出していて、周りの人たちはあなたのその表情を見ています。

しかめっ面の暗い表情の人を見てあなたはどう思い
ますか？　嬉しい気分になりますか？　ならないで
すよね？　心配したり、不快感を覚えることがある
かもしれません。

反対に明るくなったあなたの笑顔は、周りの人たち
にも幸福感を与えることができます。そしてもっと
嬉しく、もっと明るい笑顔になるような出来事が沢
山起こってくるはずです。

表情の明るさって、環境をも変えることができるす
ごいことなんです！
自分の顔を鏡で見てみてください。今どうなってい
ますか？
口角は上がっていますか？
眉間にシワが寄っていませんか？
艶がなく、くすんでしまっていませんか？

表情を明るくするために、毎朝鏡を見て、まず自分
に笑いかけてみましょう。お肌を保湿して、くすみ
肌ともサヨナラしましょう。

COLUMN

2 | 知恵の明るさ

私たちはこれからたくさんの問題に直面し、選択を迫られます。そのときに必要なのがこの「知恵」です。

「知識」が情報を知っていることなのに対して、「知恵」はそれが活用できることです。

例えば、明日が雨だと知っていることが知識。その事実に対して、傘を持っていくという行動が知恵なのです。

その事柄に対して適切な対策を立てられることが知恵に明るいということです。現代はインターネットの普及で情報にあふれています。その情報を使いこなす知恵が必要となります。

知識を入れて知恵を使う。
九星氣学で自分のラッキーカラーを知ってその色のお洋服を着る。
これが必要な知恵です。

あなたは知恵を使えていますか？
情報を詰め込み過ぎていませんか？

COLUMN

得た知識を使っていますか？
古い知識のまま止まっていませんか？

知恵を磨くために、年齢、性別、国籍を問わずたくさんの人と交流しましょう。好奇心をもって、学び始めましょう。

3｜心の明るさ

明るい心を持てば明るい未来はやってきます。
心の明るさは不平不満がない状態。心の明るさは自分に正直なことから始まります。運の循環でもお伝えしたように、あなたが生きようとして発した氣に、活かそうとする氣が働きます。

家族のために、誰かのために、会社のために……人の役に立とうと頑張ることは素晴らしいことです。でも、そのためにあなた自身が自分を後回しにしてしまい、幸せから遠のいてはいけません。

心の明るさには自己愛がとても大切です。

COLUMN

あなたが自分をあきらめてしまったら、そこで運の循環が止まってしまいます。

あなたの心の状態はどうなっていますか？
無理をしていませんか？
やりたくないことを我慢してやっていませんか？
自分には無理だとあきらめていませんか？

ココロを明るくするために、大きく深呼吸をしましょう。海、山、星空、月、太陽、自然のエネルギーを感じてみましょう。

運勢を知るということは、やってくる時代の波に上手に乗るコツを知るということ。
九星氣学風水には、私たちが生きる「今」を作ってくれた、先人の知恵が沢山詰まっています。

氣学9ガールズ
KIGAKU・NINE・GIRLS

第4章

生活に役立つ九星氣学

九星氣学で
会話力UP！

九星氣学にはコミュニケーション力を上げることができ
る魔法の会話術があります。

この章では大きく分けて３つの要素で、相手に喜んでも
らえたり、コミュニケーションに役に立つ方法をお伝え
します。

親子関係、夫婦関係、職場での人間関係など様々なシー
ンでお役に立てると思います。
活用してみてくださいね。

三つの法則
天・地・人のグループ

**九星は一白水星から九紫火星まで９つの星がありますが、
天・地・人の３つの氣のグループに分けられています。**

「活性化の法則」と言われ、それぞれの氣のグループご
とに特徴があり喜びを感じる言葉の違いや、やる気がお
きる言葉の違い、時間の使い方がわかるので、この法則
を知り、相手に使うことでコミュニケーション力が格段
にUPします。

またこの章でご紹介する特徴はあなた自身の役割でもあ
ります。
あまりピンとこない方はエネルギーが弱っているのかも？
その場合は最大吉方の星を取り入れてみてくださいね。

天 の 氣

当てはまる九星のタイプ

三碧木星
六白金星
九紫火星

 輝きと力強さで物事を
発展させることを大切にするグループ

時 間 軸	未来
思考の特徴	先を見て期待を持つタイプ。過去や現在にできていなくても、未来はきっとできると考える。
望むこと	元気・勇気・積極性・明るさ・知恵・気合い・スピード
必要な コミュニケーション	明るさや元気、行動力を認められることが必要。

キーワード

元気/明るさ/勇気/見た目/輝き/先見の明/リーダーシップ/チャレンジ精神/ステイタス/特別感/テンションの高さ/やる気/ノリ/勢い/直感力/なんとなく/自由/最高/一番

 心を掴む魔法の言葉

褒められたい/存在を認められたい欲求

「行動力があるね」「前向きだね」「一緒にいると元気になる」「スゴイ!!」「天才的!!」「デキる人」「もってるね」「キレイだね」「可愛いね」「勇気が出た」

 男性バージョン

- ★ エネルギッシュ
- ★ 子供っぽい
- ★ 情熱的
- ★ 特別感
- ★ 結果が大事
- ★ プライドが高い
- ★ 前向き
- ★ 話を聞くのが苦手

地 の 氣

当てはまる九星のタイプ

二黒土星
五黄土星
八白土星

 ・ 経験と実績。コツコツ努力することを
大切にするグループ

時 間 軸	過去
思考の特徴	経験を基準とするタイプ。過去にできたことは、未来もきっとできると考える。
望むこと	結果・努力・確実・経験・報告・ゆっくり・謙虚
必要なコミュニケーション	努力や実績を認められることが必要。

◆ キーワード

努力／継続／実績／経験／地に足を着ける／実力／
現実的／マイペース／サービス精神／器の大きさ／
度量／面倒見がいい／ハッキリとした道筋／愛情／
不屈の精神／結果主義

◆ 心を掴む魔法の言葉

頼られたい欲求／実力や実績を認められたい

「あなたに任せると間違いない」「しっかりしてるね」
「あなただけが頼り」「縁の下の力持ち」「あなたの
支えが必要」「安心できる」「信頼できる」「陰の実
力者」「器が大きい」

◆ 男性バージョン

- ◆ 頼られると嬉しい
- ◆ 人づきあいは苦手
- ◆ 古風
- ◆ 寂しがり屋
- ◆ 疑い深い
- ◆ 嫉妬深い
- ◆ 空気が読めない

人の氣

当てはまる九星のタイプ

一白水星
四緑木星
七赤金星

 人との関係を
大切にするグループ

時 間 軸	現在
思考の特徴	今を生きるタイプ。今できていることは、きっと未来もできると考える。
望むこと	調和・優しさ・協調・円満・仲良く・いい雰囲気
必要な コミュニケーション	優しさや人格の良さを認められることが必要。

♥ キーワード

協調性／フィーリング／調和／共感／思いやり／人
としてのあり方／相手軸／報告／連絡／相談／人が
中心／コミュニケーション／雰囲気／シチュエーショ
ン／人気／愛嬌

♥ 心を掴む魔法の言葉

人間性（人の良さ・心の良さ）／雰囲気に対する欲求

「あなたにしか言えない」「空気読めるね」「あなた
といると場が和む」「誰とでも仲良くなれるね」「性
格が良い」「優しいね」「自慢の○○」「人として魅
力的」「好感度高いよ」「人気者」

♥ 男性バージョン

- ♥ オシャレ
- ♥ コミュニケーション重視
- ♥ 受身は苦手
- ♥ 話題を拾う
- ♥ 聞き上手
- ♥ ソフトでフレンドリー
- ♥ 場の空気を乱さない
- ♥ よくしゃべる

ちょっと
知っているだけで、
トラブル回避！

九星別
NGワード

優柔不断なところを責める発言

「ハッキリしてよ！」
「早く決めて！」

**懐の深さに甘えすぎて、
調子に乗った発言**

「思ったより頼りない」
「できると思ってたのに！」

自由気ままな行動を責める発言

「いつも口ばっかり」
「気ままでいいね」

束縛するような発言
「どうして連絡くれないの？」
「家にいなさい」

プライドを傷つける発言
「頼りにならないね」
「意外と普通だね」

考えを否定するような発言
「こっちのほうが良いのでは？」
「間違ってるよ」

仲間や家族を悪く言われること
「○○さんと私、どっちが大事？」
「○○さんって最低だね」

他者と比較する発言
「○○さんのほうができる」
「こうしたほうがいいよ」

夢や大切にしていることを否定する発言
「それって無駄じゃない？」
「誰でもできるよ」

すぐに使える！
3タイプ別
会話のコツ

3タイプ別・会話と行動の基本

★ 天の氣のグループの人は、明るい雰囲気で先を
　見通す未来志向型のタイプ。

♦ 地の氣のグループの人は、現実的なことを重要
　視する経験と実績型のタイプ。

♥ 人の氣のグループの人は、雰囲気と人の和を大
　切にする調和型のタイプ。

　3タイプ別にこんな価値観があります。相手の価値観を

理解することで相手に心地よく動いてもらえてスムーズに会話が進みます。

いくつかの例を挙げて見ていきましょう。

お買い物編

何かを購入する際にも価値観が３つに分かれます。どれも大事な要素ではありますが優先順位の違いが行動の差となって現れてきます。

例：ダイエットを目的として商品を購入する場合

★ 天の氣のグループの人の場合

わかりやすく簡単に！　美しく痩せた未来をイメージでき、その商品に対して期待感がわいたときに即購入するタイプです。

長い文章での説明は好まず「マイナス５センチ減」や「一週間で５キロ減」など**結果を促す会話が重要なポイントです。**

話し方も重要で明るくハキハキと伝えることで勢いとノリで動くのも特徴です。

♦ 地の氣のグループの人の場合

エビデンスが重要！　ノリや雰囲気では伝わりません。決断する際の基準はその商品がいかに実績を持ち確かなモノかが大事。最も説明書を読むタイプです。

「○○大学の研究結果で○○の結果が得られた安心の材料」や「食後30分以内に３粒服用しましょう」など**実績と使い方を伝えることが重要なポイント**です。

♥ 人の氣のグループの人の場合

口コミや感想。使った人がどんな反応をしているのか、**信頼性が大事。人の話が大事なポイント**。店員さんの人柄やお店の雰囲気も重要なポイント。商品の効果ももちろん大事ですが伝える側の口調や態度で大きく左右されます。

また「私も使っていて○○な効果がありました」など人との共感性が得られると使ってみたくなる傾向が強いです。

パートナーシップ編

LINEやメールなどメッセージ文章で会話をする場合、相手のお顔が見えない分だけ会話が難しいですよね。
相手の特徴を掴むことで嫌な思いをすることなく会話が進みます。
例：食事やイベントなど何かに誘う場合

★ 天の氣のグループの人の場合

短く返信しやすい誘い方がベストです。

「○○日空いてる？　食事に行かない？」
など用件だけをまず伝えましょう。

このグループの人たちの返信は文章が短めの傾向が強いです。結論とスピードを重要視しているので「行く」「行けない」またはどんなに長く文章を書いて誘っていたとしてもスタンプ一つで返信する場合が多いです。しばらくたっても返信がない場合は忘れている可能性があるので再度誘ってみる勇気も必要です。

そっけなさを感じる場合はあるかもしれませんが、**結果をいち早く伝えることが最大の親切だと考えている人たちだと理解してみましょう。**

◆ 地の氣のグループの人の場合

場所や日時など明確に誘うことが大事。

「○○日○○時に○○にある○○が美味しいお店を見つけたのだけど空いてたら一緒に行かない？」
などできるだけ具体的に誘うことが大事。

このグループの人たちの返信は手が空いていたら結論を返信しますが、文章をよく考えてから丁寧に具体的に伝えようとする傾向が強いのでやや遅れる場合もあります。
場所やお店の情報が欲しいタイプの人たちなので「食べログ」や「Googleマップ」などのURLを一緒に添付しておくとよいでしょう。

文章に感情が出にくいタイプなので絵文字やスタンプが少なく寂しさを感じる場合がありますが、**具体的な行動を把握したい人たちだと理解してみましょう。**

♥ 人の氣のグループの人の場合

会話をすることが大事。唐突に用件だけのメッセージは NG。

「こんにちは。最近忙しいって言ってたけど落ち着いた？ そういえばこの前○○を歩いてたら紅葉がとってもきれいだったよ」
など、食事に誘う場合でも今何をしているのか現在の相手の様子をうかがってみたり、違う話から始めてみたり、先ずは会話でのコミュニケーションをとってから誘うようにしましょう。

このグループの人たちの返信は遅めで文章は長めの傾向があります。相手の状況を気遣うあまりに返信が遅くなったり、他にも行く人いるのかな？　など疑問がわくと色々聞きたくなり文章が長めになります。
他の話題の会話からはいるのでやりとりしているうちに本題の返信を忘れてしまう傾向もあります。

結論を急ぐタイプの人は面倒くささを感じる場合もありますが、相手を重んじる丁寧な人だと理解してみましょう。

親子編

お子様の価値観タイプを知っておくと何かを促す際に、お子様のやる気が起き可能性を引き出すことができます。自分の価値観を押し付けないように気をつけましょう。
例：運動会を嫌がる子供のやる気を起こしたい場合

★ 天の氣のグループの子供の場合

とりあえず動いて考える未来型タイプ

「運動着がよく似合ってすごくカッコいいわ」
「○○できたらすごいんだよ～」
あまり根拠がなかったとしても明るくノリよくオーバーに褒めたりして「嬉しい」「面白そう！」や「楽しそう」と思うと「やりたい」と感じるので、楽しそうな未来を想像させてあげることがポイントです。

◆ 地の氣のグループの子供の場合

目標を決めて取り組むことで自信がでるタイプ

「○○回練習して○○できるように頑張ろうね」
根拠が大事なので何回努力を重ねることで何ができるようになるか「自分もできる！」と感じさせてあげることがポイントです。

また失敗した経験がある場合はそのことを解消することも大事なポイントとなります。
できなかった原因と克服できる方法を明確に伝えるようにしましょう。

♥ 人の氣のグループの子供の場合

相手の喜ぶ顔が見たいと頑張るタイプ

「頑張ってる姿を見るととっても嬉しいわ」
「みんないるから大丈夫！　一緒にやってみよう」
と感謝の気持ちを表現したり、人の和を重要視するとやる気が起きる傾向があります。誰かの役に立っていると感じさせてあげることが大事なポイントです。

また、なぜそれをするのか？　が明確になるとやる気がでるので、その行動をする事でどうなるのかも伝えてあげましょう。

大きく分けて３つの氣のグループで特徴を説明しましたが、お役に立てましたでしょうか？

九星氣学では、開運できる方法が他にもたくさんあります。もっと運気UPしたい！　もっと九星が知りたい方は、開運アプリ「ラキ☆カレ」をご覧ください。

https://lakicale.com/

氣学9ガールズ HP

https://kigaku9girls.com/

終わりに

私は九星氣学風水に出会い、それを知り、活用することで、
本当に人生が大きく変わりました。

★ 運の法則
★ 自分の性質
★ 運勢（氣の流れ）

人生を変えるために大切な沢山の要素を、この本でお伝えさ
せていただきました。

まずはできることから始めてみてくださいね。
私も今でこそ吉方取りや色々な開運方法を使っていますが、
最初はラッキーカラーやラッキーナンバーを使うことから始
まりました。

そんな簡単なことからでいいの？　と思われた方もいるかも
しれませんね。
でもやっぱり、幸せへの道のりって、案外シンプルなモノな
んじゃないかな？　って私は思うんです。

★ 面白いと思ったことを素直にやってみる。
★ いいなと思ったことを素直にやってみる。

その素直さが、幸せへの一番の近道なのかなって思います。

だから、あなたもやってみてください。

この本の中で面白いなと思ったこと、いいなって思ってくれたことを何かひとつでもいいから、取り入れて続けてみてください。

それがきっと、あなたの「生活」を今よりもっと明るく、もっと豊かな「生活」へと導いてくれるから。
九星氣学カウンセラーChieは、本書があなたの「変わる」きっかけになることを祈り、エールを送り続けます。

「頑張って!!!!!!」

Chie

美容サロンで奮闘していたある日、「九星氣学」を知る。難しそうだな…と思いながらも、次第にその奥の深さに惹かれていき、「運気に乗るツール」として、いつの間にか夢中に。事業・生活に九星の知識を取り入れてみたところ、仕事で抱えていた借金は、瞬く間にゼロになり、お金の心配をすることなく、不安のない明るい人生に。人生のシフトチェンジを身をもって体験する。

九星氣学風水によって救われ、変わることができた経験から、「この素晴らしい学問をみんなにも知ってほしい」という想いから九星氣学カウンセラーに。15年間でのべ2万2千人以上の女性に鑑定・セミナーを提供。2010年に「氣学9ガールズ」メソッドを独自に開発し、幅広い年齢の女性から支持を得る。2019年『氣学9ガールズ手帳2020』を出版し、テレビやラジオなどにも出演。

2020年には、YouTubeチャンネルの運営を開始。登録者数は2022年10月時点で6.4万人を超える。2022年5月に九星ナインガールズが歌う『幸運のナインスターズ──九星が導くハッピーライフ』が誕生。8月には世界初、九星氣学をアニメ化した『氣学9ガールズ』を公開。著書が続々刊行予定。

YouTubeチャンネル
「氣学9ガールズ」
https://www.youtube.com/@kigaku9

本文デザイン・DTP／a.iil《伊藤彩香》
装丁／冨澤 崇(EBranch)
取材・原稿／久保佳那
校正／あきやま貴子
編集補助／大江奈保子
編集／小田実紀
制作協力／二階堂友美

本書のご注文、内容に関するお問い合わせは
Clover出版あてにお願い申し上げます。

氣学9ガールズと学ぶ

いちばんたのしい九星気学

初版1刷発行 ● 2023年1月23日

著者

Chie

発行者

小田 実紀

発行所

株式会社Clover出版

〒101-0051 東京都千代田区神田神保町3丁目27番地8　三輪ビル5階
Tel.03(6910)0605　Fax.03(6910)0606　http://cloverpub.jp

印刷所

日経印刷株式会社